NEUE KLEIDUNG AUS ALTEN SCHÄTZEN NÄHEN

Originelle Upcycling-Ideen

Impressum

Originalausgabe unter dem Titel *Les oubliés du placard* (2021) erschienen bei:
© Éditions La Plage
58, rue Jean Bleuzen
92178 Vanves cedex

Fotos der fertigen Modelle: © Tom Morel
Alle anderen Fotos: © Teresa De Marcillac
Layout: ZS studio

Für die deutsche Ausgabe:
Verantwortlich: Maria Möllenkamp
Übersetzung: Katrin Marburger
Lektorat: A. Reuß
Korrektorat: Mareike Weber
Satz: satz & repro Grieb, München
Umschlaggestaltung: Ina Zimmermann
Herstellung: Kathleen Baumann
Printed in France

★★★★★

Sind Sie mit diesem Titel zufrieden? Dann würden wir uns über Ihre Weiterempfehlung freuen. Erzählen Sie es im Freundeskreis, berichten Sie Ihrem Buchhändler oder bewerten Sie bei Onlinekauf. Und wenn Sie Kritik, Korrekturen, Aktualisierungen haben, freuen wir uns über Ihre Nachricht an:
Christian Verlag, Postfach 40 02 09,
D-80702 München oder per E-Mail an
lektorat@verlagshaus.de.

Unser komplettes Programm finden Sie unter

www.christophorus-verlag.de

In diesem Buch wird aus Gründen der besseren Lesbarkeit das generische Maskulinum verwendet. Weibliche und anderweitige Geschlechteridentitäten werden dabei aus-drücklich mitgemeint, soweit es für die Aussage erforderlich ist.

Die Deutsche Nationalbibliothek verzeichnet diese Publikation in der Deutschen Nationalbibliografie; detaillierte bibliografische Daten sind im Internet über http://dnb.d-nb.de abrufbar.

ISBN 978-3-8410-6745-6

Kreativ-Service

Sie haben Fragen zu den Büchern und Materialien? Frau Erika Noll ist für Sie da und berät Sie rund um alle Kreativthemen. Rufen Sie an! Wir interessieren uns auch für Ihre eigenen Ideen und Anregungen. Sie erreichen Frau Noll per E-Mail:
kreativ-service@c-verlag.de oder Tel.: +49 (0) 89 13 06 99-577

Besuchen Sie uns im Internet: **www.christophorus-verlag.de** und **www.selbstgemacht.de**

Teresa de Marcillac
Fotografien von Tom Morel

NEUE KLEIDUNG AUS ALTEN SCHÄTZEN NÄHEN

Originelle Upcycling-Ideen

INHALT

Pullover & Jacken

Wäsche

Accessoires

VORWORT

Upcycling oder die Verlängerung der Lebensdauer eines Produktes

Upcycling gab es schon immer: In der Antike wurden Amphoren, die dem Transport von Grundnahrungsmitteln dienten, als Haushaltsgefäße weiterverwendet; in den Krisenjahren des Zweiten Weltkriegs nähten Frauen sich ihre Kleider aus den Möbel- und Vorhangstoffen in ihrer Wohnung. Der englische Begriff Upcycling (aus *up* = nach oben und *cycle* = Kreislauf) bedeutet also Recycling mit einer Aufwertung. Der Begriff kam erst in den 1990er-Jahren auf, als allmählich ein Bewusstsein für Umweltfragen und die Wiederverwendung von Produkten entstand.

Recycling ist nicht schlecht, aber Upcycling ist besser!

Beim Recycling werden Produkte zerstört, um sie wiederzuverwerten. Da dabei die Materialqualität abnimmt, besteht das recycelte Produkt aus minderwertigeren Stoffen als das Ausgangsprodukt. Dies nennt man auch Downcycling. Der große Vorteil davon ist, dass solche Produkte in Serie, also in großen Mengen hergestellt werden können.
Beim Upcycling wird ein Produkt unmittelbar aus einem vorhandenen Produkt hergestellt. Die Materialqualität bleibt erhalten, es findet kein chemischer Prozess statt. Da Upcycling jedoch für jedes Produkt individuell durchgeführt werden muss, ist eine industrielle Produktion schwierig. Der Vorteil ist, dass man ein einmaliges Produkt erhält!

Meine Upcycling-Geschichte: zwischen Basteln und Nähen

Schon als kleines Mädchen habe ich gerne gebastelt. Ich hatte eine große »Krimskramskiste« mit vielen Fächern, in denen ich meine Schätze sammelte: Geschenkband, Schnürsenkel, kaputte Perlenketten, Sicherheitsnadeln etc. – alles, was man »irgendwann mal gebrauchen könnte«. Immer wenn ich eine Idee hatte, kramte ich in dieser Kiste.
Das erste Mal, dass ich ein Kleidungsstück upgecycelt habe, war während des ersten Lockdowns. Ich war genervt, weil meine Mutter wollte, dass ich ihr beim Ausmisten ihres Kleiderschranks helfe, doch dann entdeckte ich einen wassergrünen BH, aus dem man doch etwas machen könnte ... Ich schneide also die grauenhaften beigen Schaumstoffpolster ab und öffne meine Krimskramskiste, finde ein goldenes Band und den Anhänger einer kaputten Halskette, schneide ein kleines Dreieck aus, kräusele die Oberkante ein und nähe den Anhänger an. Ich bin so begeistert von meiner neuen Beschäftigung, dass ich gar nicht mehr aufhören kann, Kleidungsstücke zu verwandeln. Wahnsinn, wie viele dafür geeignete Klamotten sich allein bei mir zu Hause finden – ich wage kaum, mir vorzustellen, was für ein Berg ungetragener Kleidung erst bei meinen Freunden und Bekannten zusammenkäme!
Mein erster Versuch ist noch mehr Bastelarbeit als Nähkunst, aber dafür ganz einfach, und so fange ich an, Tutorials auf Instagram zu posten.

Erschafft eure eigenen Kreationen!

Dieses Buch enthält 36 Kreationen, die für 1000 andere Möglichkeiten stehen. Ziel ist, euch zu zeigen, was machbar ist, und euch zu inspirieren. Und selbst wenn ihr euch genau an die Anleitungen haltet, ist das Ergebnis doch euer ganz persönliches Werk. Um euer Ziel zu erreichen, müsst ihr flexibel sein, nachdenken, ausprobieren und wieder von vorn anfangen, denn die Ausgangsbasis ist nie exakt die gleiche. Eure Kreation wird nicht perfekt sein, und genau das macht sie einzigartig.

Zuerst ausprobieren, dann besser werden – zuerst etwas wagen, sich dann mehr zutrauen. Und jetzt ran an die Schere!

HANDWERKSZEUG VON UPCYCLING-PROFIS

Nähmaschine – Marion Louisa @_marionlouisa_

Wenn man mit einem neuen Hobby beginnt, ist es echt schwierig zu wissen, was man dafür kaufen soll! Macht es nicht so wie die Leute, die sich die teuersten Sportklamotten kaufen, bevor sie überhaupt angefangen haben, und gebt kein Vermögen aus. Um in der Freizeit hin und wieder zu nähen, reicht eine Nähmaschine für etwa 100 € völlig aus! Brother und Singer, z. B., sind zwei zuverlässige Marken. Und falls ihr etwas knapp bei Kasse seid, fragt einfach im Bekanntenkreis herum, ob nicht jemand eine unbenutzte Nähmaschine in der Ecke stehen hat, oder schaut auf Ebay nach. (Auf meiner Webseite https://mariloustudio.com findet ihr einen Artikel mit meinen Produktempfehlungen.)

Stecknadeln oder Klammern – Laura @rihannafoutre

Ob T-Nadeln oder solche mit flachem oder rundem Kopf: Stecknadeln braucht man beim Nähen immer! Sie sind so etwas wie das *Must-have* des Nähens: Sie befestigen Abnäher und Falten, sie markieren Hilfslinien, aber vor allem kann man sich dank ihnen das fertig genähte Teil vorstellen, bevor man überhaupt eine Naht angebracht hat – das erspart einem so manches Auftrennen und Neubeginnen. ☺
Tipp: Wenn ihr dicke Stofflagen näht (z. B. Pullis) oder es nicht so genau sein muss, könnt ihr Klammern verwenden. Sie sind leicht anzubringen, und vor allem pieksen sie nicht!

Kurvenlineal oder Schneiderkurve – Marion Louisa @_marionlouisa_

Das Kurvenlineal ist sehr praktisch, um auf den Schnittmustern und den Stoffen, die ihr zuschneidet, abgerundete Linien zu zeichnen. So könnt ihr den Stoff besser an euren Körper anpassen, falls ihr euch nicht zutraut, »nach Augenmaß« vorzugehen. ☺

Nahttrenner (Pfeiltrenner) – Marie Conscience @consciencethriftshop

Man kann daran nichts einstellen, es ist nicht elektronisch und kann daher auch nicht ausfallen – das muss der Nahttrenner sein! Dieses Werkzeug gehört zu meiner Grundausstattung, seit ich Kleidung upcycle. Man trennt Ärmel, Taschen oder Beine der alten Klamotten auf, näht ein Patchwork zusammen und *tadaa!* hat man ein neues Einzelstück. Nähen und Auftrennen, das bedeutet Kreativsein – danke, Nahttrenner!

Schere – Alice @aliceadore_

Eine gute Stoffschere und viel Fantasie! Zwei Grundvoraussetzungen, um immer wieder neue, individuelle Upcycling-Ideen umzusetzen.
Tipp: Damit die Klingen scharf bleiben, mit der Stoffschere nie Papier schneiden, nur Stoff!

Bügeleisen – Juliet @julietbonhomme

Ein Reisebügeleisen? Meine neue Revolution. Ich bin eher faul, und auf Bügeln hatte ich so gar keine Lust. Aber seit meine Großmutter mir dieses Schätzchen geschenkt hat, bügele ich begeistert meine Säume und glätte meine Stoffe, bevor ich sie verwandle. Eine kleine Mühe, die einen großen Unterschied macht! 🙂

Zwillingsnadel – Céline @maison_cee

Lange Zeit dachte ich, man bräuchte eine Mordsausstattung und vor allem eine Overlock- oder Covermaschine, um schöne Kantenabschlüsse und Jersey nähen zu können. Doch dann entdeckte ich eines Tages die Zwillingsnadel, die 3 bis 4 € kostet. Seitdem sind bei mir Minimalismus und Improvisation Trumpf – auch mit kleiner Ausstattung kann man irre Sachen nähen.

Schneiderkreide – Teresa @lesoubliesduplacards

Schneiderkreide ist zwar ein Extra, aber gleichzeitig auch fast unverzichtbar. Man kann sich mit einem Kuli oder Bleistift behelfen oder sich auf sein gutes Augenmaß verlassen, aber wenn man die Schneiderkreide kennt, will man sie nicht mehr missen.

Maßband – Teresa @lesoubliesduplacards

Auf ein Maßband kann man eventuell verzichten. Am besten ist es oft ohnehin, das Kleidungsstück beim Nähen immer wieder anzuprobieren. Upcycling ist Maßschneiderei!

GRUNDTECHNIKEN

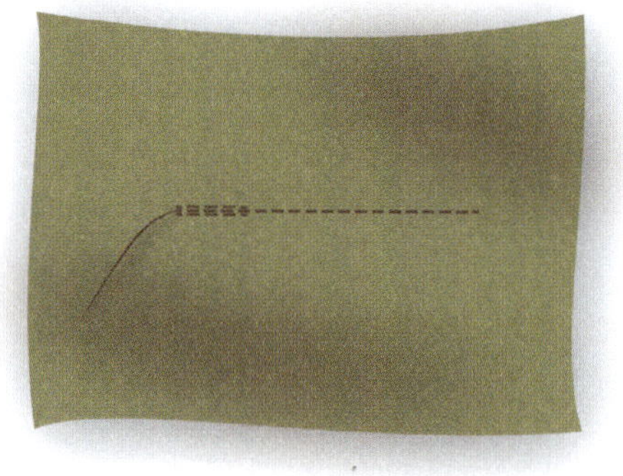

Verriegeln
Dabei näht man am Anfang und Ende jeder Naht vor und zurück. Das ist unerlässlich, um die Naht zu befestigen.

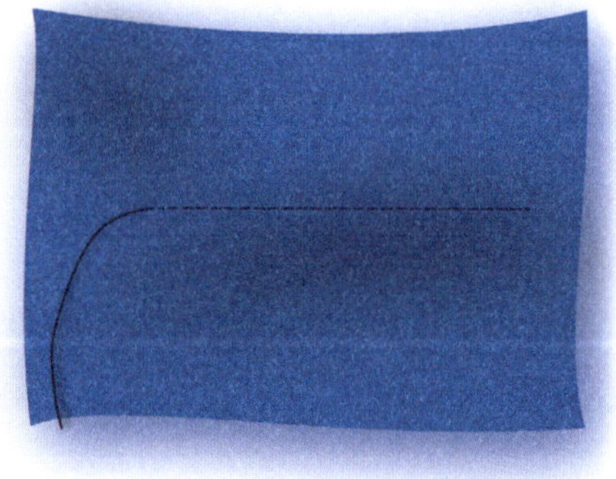

Geradstich
Der Geradstich ist die gängige Stichart, mit der genäht wird. Die Stichlänge kann passend zum Stoff variabel eingestellt werden. Je dicker der Stoff, desto größer muss die Stichlänge sein.

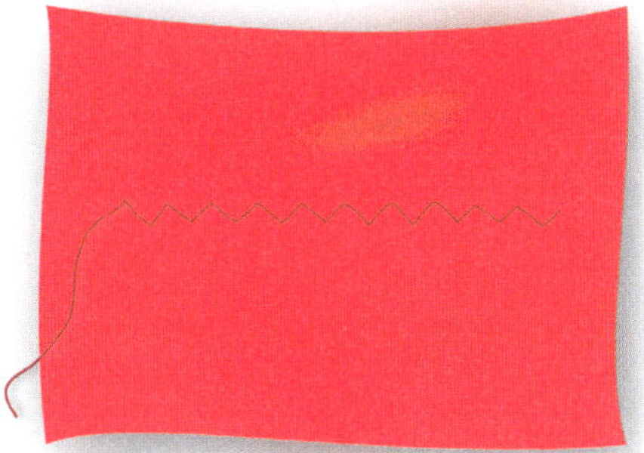

Zickzackstich

Dieser Stich wird für zwei Dinge verwendet:
- Versäubern von Stoffkanten (damit sie nicht ausfransen)
- Nähen von Jersey (damit die Nähte elastisch bleiben)

Beim Zickzackstich können die Stichlänge und -breite eingestellt werden. In der Regel wählt man eine mittlere Länge und Breite. Dichte, schmale Stiche werden für kleine Partien (z. B. Träger) verwendet, die gut befestigt werden sollen.

Saum

Es gibt zwei Möglichkeiten, um mit der Maschine schnell einen Saum zu nähen.
- Die übliche und saubere Art ist der eingeschlagene Saum: Den Stoff zweimal nach links einschlagen und die innere Umbruchkante im Geradstich absteppen.
- Die sparsamste Art (um nicht zu viel Länge zu verlieren) ist der einfache Saum: Die Kante im Zickzackstich versäubern und nur einmal nach links umschlagen. Entlang der Zickzacknaht feststeppen.

Gummiband annähen

Es gibt zwei Möglichkeiten, ein Gummiband anzunähen:
- Einen eingeschlagenen Saum nähen, der 4 mm breiter ist als das Gummiband, das Gummi mithilfe einer Sicherheitsnadel in den Saum einziehen und durch den Saum hindurch festnähen; dabei den Stoff möglichst gespannt halten.
- Den Stoff einmal nach links umschlagen und das Gummiband genau über die Kante des einfachen Saums legen. Im Zickzackstich mit großer Stichlänge und -breite festnähen, dabei das Gummiband gespannt halten.

Grundtechniken

Träger

Es gibt zwei Techniken, um Träger zu nähen.

• Ideal für Jersey oder wenn die Träger nicht zu schmal sein sollen: ein Rechteck der Länge nach falten und an der Längsseite im Geradstich zusammennähen, sodass ein Schlauch entsteht. Den Schlauch mithilfe einer Sicherheitsnadel auf rechts wenden. Entlang der Nahtseite knappkantig absteppen. Ihr könnt auch die andere Längsseite absteppen, damit der Träger symmetrisch aussieht.

• Perfekt für besonders schmale Träger: Die beiden Längskanten nach innen zur Mitte umbügeln, dann längs in der Mitte falten. Entlang der offenen Längsseite zusammennähen.

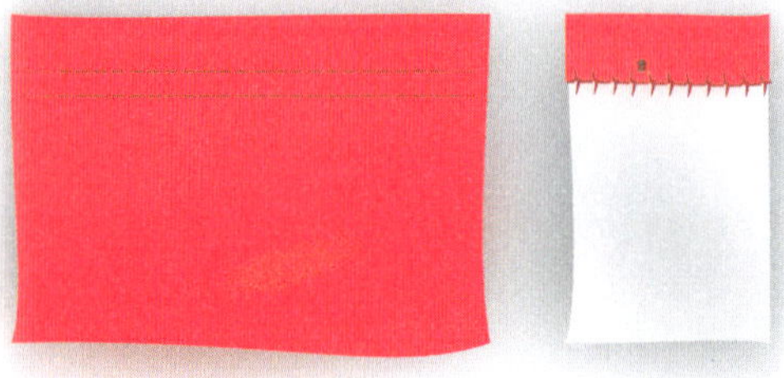

Zwillingsnadel

Die Zwillingsnadel wie eine normale Nadel in die Maschine einsetzen und zwei Garnrollen anbringen: eine auf dem normalen Garnrollenhalter und eine auf dem Halter zum Spulen. Beide Fäden zusammen in die Maschine einfädeln, dann in jedes Nadelöhr einen Faden fädeln. Wenn ihr keine zwei Garnrollen in derselben Farbe habt, spult einfach noch etwas Garn auf eine zweite Spule und verwendet diese als zweite Garnrolle. Achtung, den Geradstich benutzen! Wenn die Maschine im Zickzack startet, können die Nadeln brechen und die Maschine kann beschädigt werden.

Absteppen

Durch Absteppen kann man die Nahtzugabe am Stoff befestigen, sodass die Naht flacher wird.

• Am schönsten: im Geradstich 1 cm von der Stoffkante entfernt eine Naht nähen. Die Nahtzugaben auseinanderbügeln und von rechts beidseits der Naht in 2 mm Abstand feststeppen.

• Am stabilsten: im Geradstich 1 cm von der Stoffkante entfernt eine Naht nähen. Die Nahtzugaben zu einer Seite umbügeln und auf dieser Seite von rechts 2 mm neben der Naht feststeppen. Darauf achten, dass beide Nahtzugaben mitgefasst werden.

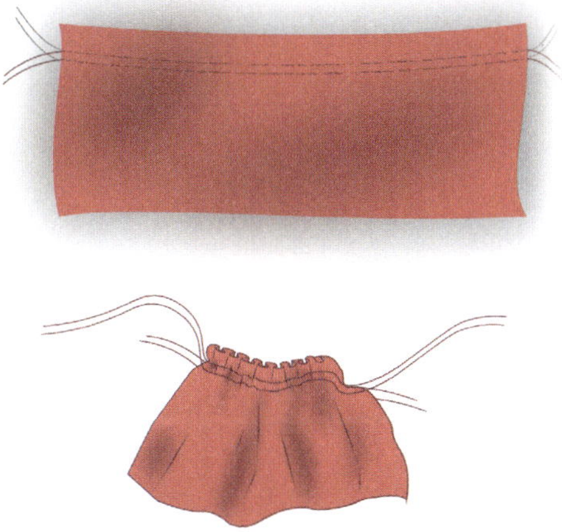

Kräuseln

Im Geradstich mit großer Stichlänge und ohne Rückstiche zwei parallele Nähte nähen. Auf beiden Seiten an den Oberfäden ziehen und so den Stoff auf die gewünschte Weite einkräuseln. Um die Kräuselung zu befestigen, die Oberfäden auf beiden Seiten der Nähte verknoten. Nach dem Festnähen der Kräuselung können die Fäden der Kräuselnähte komplett herausgezogen werden.

Auswahl des Garns

Wenn ihr zwischen zwei Farbtönen schwankt, wählt immer den dunkleren, da er weniger auffällt. Das hellere Garn fängt eher das Licht (und den Blick) ein.

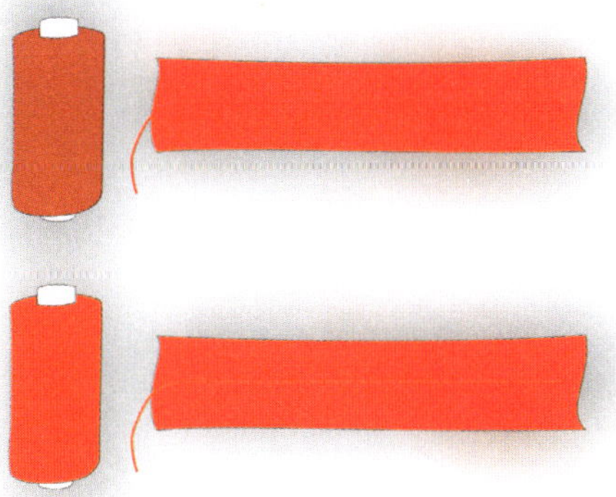

TOPS
&
BLUSEN

Kleidungsstücke
Gerade geschnittenes Kleid (oder wie hier ein Kleid mit Volant) + Spitzen-BH

Material
- Nahttrenner
- Schere
- Stecknadeln
- Nähmaschine
- Garn in passender Farbe
- Schneiderkreide
- Kurvenlineal oder Schneiderkurve

Tipp
Aus der oberen Partie des Kleids könnt ihr ein einfaches Top nähen: einfach in der gewünschten Taillenhöhe abschneiden und umsäumen.

TOP MIT SPITZE

1. Darauf achten, dass die Farben von Kleid und BH zusammenpassen.

2. Die Spitze vom oberen Rand der BH-Cups abtrennen.

3. Die Träger abtrennen.

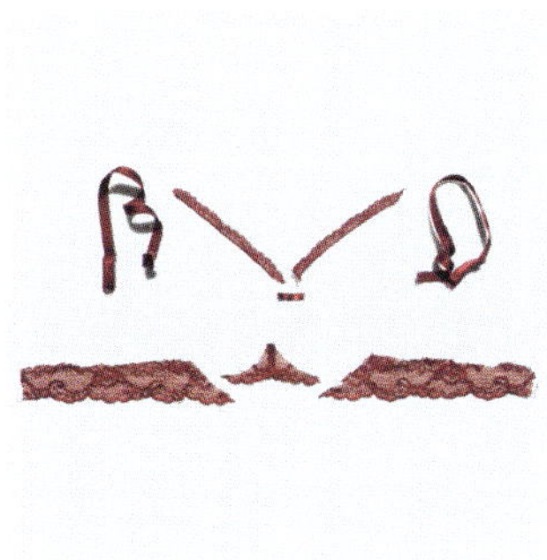

4. Die Spitze an den Rückenpartien des BHs abtrennen (und rechteckig zuschneiden), ebenso den Steg (das Dreieck zwischen den Cups) abtrennen. Nun liegen alle benötigten Teile vor euch.

5. Das Kleid in der gewünschten Höhe waagerecht durchschneiden – das Top wird aus der unteren Partie konstruiert.

6. Am Unterteil des Kleids die Seitennähte genau aufeinanderlegen (in der Mitte des Teils). An einer der beiden Seiten oben ein Dreieck abschneiden, dessen Grundseite genauso lang ist wie die oberhalb der BH-Cups abgetrennte Spitze (dies wird später der Halsausschnitt).

7. Auf der anderen Seite ein Dreieck abschneiden, dessen unterer Winkel der Hälfte des abgetrennten BH-Stegs aus Spitze entspricht (dies wird später der Rückenausschnitt).

8. Die Seitennähte wieder seitlich legen. Der Halsausschnitt zeigt zu euch. Mithilfe eines Kurvenlineals oder freihändig gerundete Armausschnitte zuschneiden. Deren Unterkante muss auf derselben Höhe sein wie der vordere und hintere Ausschnitt.

9. Das Top auf links wenden und die offenen Kanten umsäumen; dafür zweimal 5 mm breit umschlagen.

10. Eine der Spitzen des Rückenteils durch den Ring eines BH-Trägers ziehen, links auf links feststecken und möglichst dicht am Ring im Geradstich festnähen.

11. Die vordere kurze Kante des Trägers mit ganz dichtem, schmalem Zickzackstich an der vorderen Spitze des Tops festnähen. Mehrmals hin und her nähen.

12. Den anderen Träger gegengleich annähen.

13. Am Vorderteil auf der Innenseite rechts auf links die beiden Spitzenstreifen der Cups feststecken (in der Mitte überlappend, sodass ein V-Ausschnitt entsteht). Im Geradstich mit kurzer Stichlänge annähen.

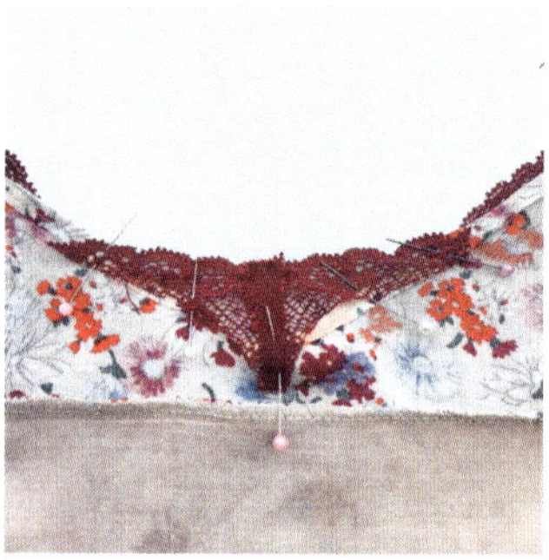

14. Am Rückenteil auf der Innenseite den dreieckigen Steg aus Spitze feststecken (rechts auf links) und im Geradstich mit ganz kurzer Stichlänge annähen.

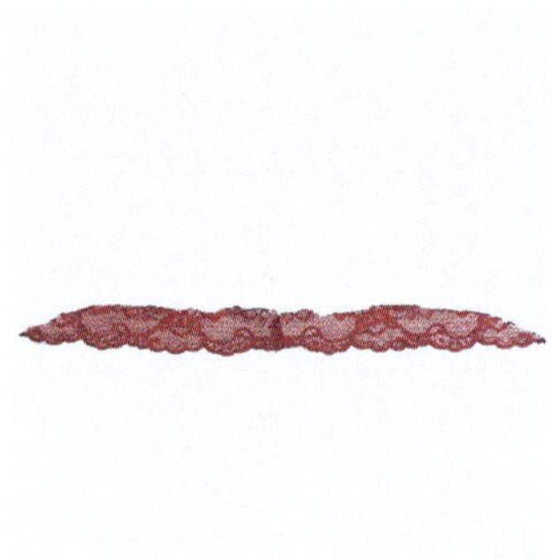

15. Die beiden Seitenstreifen an den Schmalkanten zu einem langen Streifen zusammennähen.

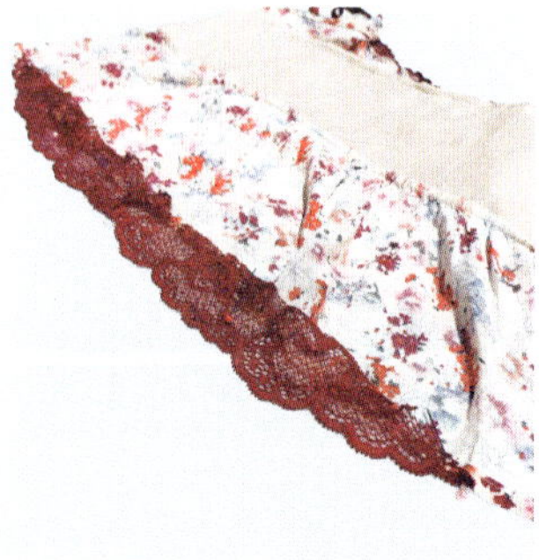

16. Den langen Streifen von links an der Unterkante feststecken und im Geradstich mit kurzer Stichlänge annähen.

17. Die Krönung: Wenn euer BH eine Schleife hatte, könnt ihr sie vorne annähen (wenn ihr wollt).

18. Die Träger einstellen – voilà, euer Top ist fertig.

Top mit Spitze

Kleidungsstück
Kinderbluse oder zu kleine Bluse

Material
- Nahttrenner
- Schere
- Stecknadeln
- Nähmaschine
- Farblich passendes Nähgarn
- Schneiderkreide
- Blatt Papier (DIN A4)
- Cutter
- Bügeleisen

Tipp
Wenn ihr eine kurzärmlige Bluse verwendet oder zu wenig Stoff für den Besatz des Ausschnitts habt (ab Schritt 7), könnt ihr einfach einen vorhandenen Rest Baumwollstoff verwenden. Der Besatz liegt später innen und ist daher unsichtbar.

SOMMER-LICHES CROP-TOP

1. Die Bluse flach hinlegen. Hier verwende ich eine Bluse für 4-jährige Kinder, und ich bin 1,72 m groß, also nur Mut.

2. Beide Stofflagen der Armausschnitte 1 cm innerhalb der Naht abschneiden.

3. Ein Blatt Papier (DIN A4) in der Mitte falten und auf die Brustpartie legen – für den perfekten eckigen Ausschnitt. Die Mitte genau auf der Knopfleiste platzieren. Die Umrisse mit Schneiderkreide nachzeichnen.

4. 1 cm innerhalb der Kreidemarkierungen ausschneiden.

5. Die Seitennähte der Bluse auftrennen.

6. Eine Ärmelnaht auftrennen und den Ärmel mit euch zugewandter Außenseite flach ausbreiten.

7. Das Top auf den Ärmel legen, sodass sich das Rechteck des Ausschnitts in der Mitte befindet. Das Rechteck mit Schneiderkreide auf den Ärmel zeichnen.

8. Das Top herunternehmen und das Rechteck aus dem Ärmel ausschneiden, dabei rings um die Linien *mindestens* 2,5 cm Rand stehen lassen.

9. Das Rechteck ringsum im Zickzackstich versäubern, damit der Stoff nicht ausfranst.

Tops & Blusen

10. Mit dem Cutter das kleine Rechteck genau auf den Kreidelinien ausschneiden, ohne es zu beschädigen (es wird später noch verwendet).

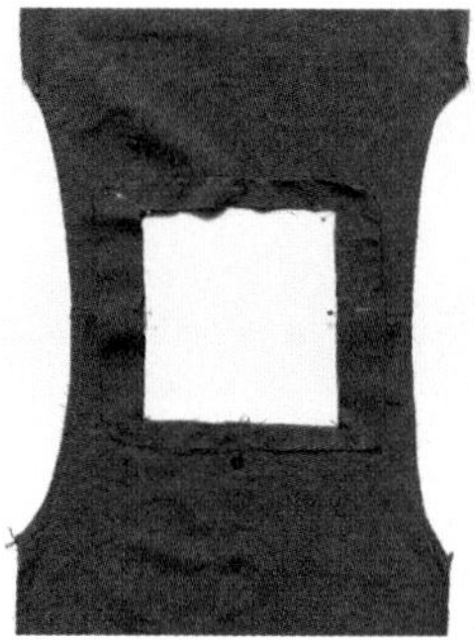

11. Den Besatz rechts auf rechts auf den Halsausschnitt legen und an den Innenkanten feststecken.

12. Den Besatz 1 cm von der Innenkante entfernt im Geradstich festnähen.

13. Die vier Ecken bis kurz vor der Naht einschneiden. Keinesfalls in die Naht schneiden!

14. Das Top auf links wenden und den Besatz des Ausschnitts auf die Innenseite umschlagen. Von beiden Seiten gut bügeln, dabei am Stoff ziehen, um die Ecken schön auszuformen.

15. Die Kante des Ausschnitts von rechts ringsum 2 mm vom Rand entfernt absteppen.

16. Die Seitenkanten zweimal 5 mm breit nach innen umschlagen und feststecken.

17. Beide Saumkanten 3 mm vom Rand entfernt feststeppen, dabei darauf achten, dass die Naht den Ecken der Armausschnitte folgt.

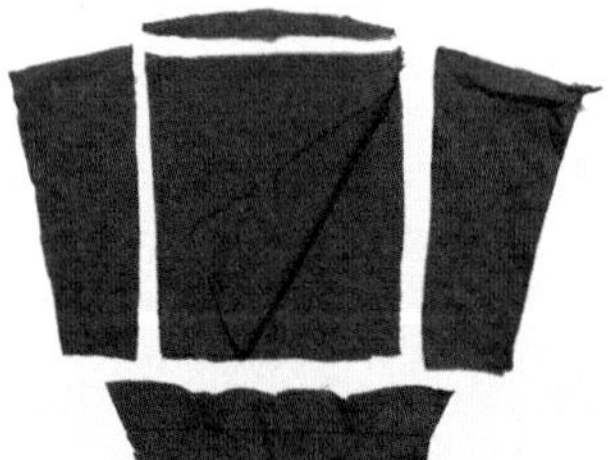

18. Aus dem zweiten Ärmel ein Rechteck von der Größe des beiseitegelegten ersten Rechtecks ausschneiden.

19. Die Rechtecke der Länge nach falten und etwa 7 cm neben der Bruchkante zusammennähen.

20. Die Nähte in die Mitte legen und die Nahtzugaben auseinanderbügeln.

21. Die entstandenen Schläuche auf rechts wenden und in der Mitte durchschneiden, sodass für die seitlichen Stege vier etwa 10 cm lange Stücke entstehen.

22. Die offenen Kanten der Stege versäubern, damit der Stoff nicht ausfranst.

23. Je zwei Stege mit den versäuberten Kanten an den Seiten des Rückenteils unterstecken, einen in Fortsetzung der Armausschnittlinie, den anderen 3 cm oberhalb des unteren Saums.

24. Im Geradstich entlang der Seitenkante festnähen, genau auf der Saumnaht. Besser zwei lange, durchgehende Nähte anbringen als vier kurze (eine pro Stück).

25. Das Top umdrehen, die Seitenstege falten und unter das Vorderteil schieben. Symmetrisch feststecken und entlang der gesamten Seiten im Geradstich eine Naht nähen.

26. Voilà, das geknöpfte Rückenteil.

27. Und hier die Vorderseite. Also, wenn ihr schlagartig jünger aussehen wollt, tragt einfach die Klamotten von 4-jährigen!

TOP MIT FLÜGEL-ÄRMELN

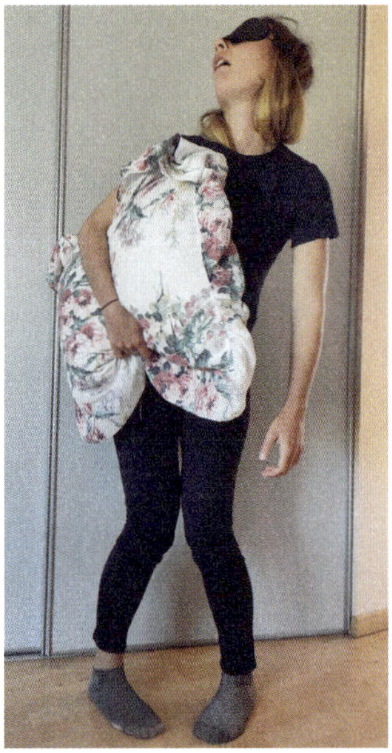

Bettwäsche
Quadratischer Kissenbezug

Material
- Schere
- Stecknadeln
- Nähmaschine
- Farblich passendes Nähgarn
- Elastisches Nähgarn
- Schneiderkreide
- Maßband
- Bügeleisen
- 60 cm Gummiband (5 mm breit)

Tipp
Um Smokpartien (oder Kräuselfalten) zu nähen, das elastische Nähgarn unter Spannung auf die Spule wickeln (am besten eine Metallspule, damit sie unter der Spannung nicht bricht). Diese Spule ganz normal in die Nähmaschine einsetzen. Als Oberfaden normales Nähgarn einfädeln. Den Geradstich mit großer Stichlänge einstellen und losnähen!

1. Wenn euer Kissenbezug keine Rüsche hat, spielt das keine Rolle. Ihr könnt trotzdem nach den beschriebenen Schritten vorgehen.

2. Den Kissenbezug auf links wenden und in 2 cm Abstand innen an den Nähten entlang ein Quadrat ausschneiden. Normalerweise ist an einer Seite die Öffnung des Bezugs, an dieser Seite braucht ihr also nicht zu schneiden.

3. An der nicht ausgeschnittenen Seite abmessen, wie breit der Saum ist und in welchem Abstand die Saumnaht angebracht wurde.

4. An der zugeschnittenen gegenüberliegenden Seite einen ebenso breiten Saum umschlagen und die Saumnaht im gleichen Abstand und mit ähnlicher Stichlänge anbringen wie an der fertigen Kante.

5. Das Viereck links auf links falten, sodass die beiden Säume aufeinanderliegen. Dann am Stoffbruch durchschneiden.

6. Die Schmalkanten rechts auf rechts zusammenstecken und mit 1 cm Nahtzugabe (= 1 cm vom Rand entfernt) im Geradstich zusammennähen.

7. Die Nahtzugaben auseinanderbügeln.

8. Die beiden Seitennähte beidseits in 2 mm Abstand neben der Naht absteppen (insgesamt 4 Steppnähte).

9. Die offene Kante des Schlauchs (im Bild die Oberkante) ringsum umsäumen.

10. Auf der rechten Stoffseite zwischen den Seitennähten alle 1,5 cm eine Linie ziehen. Die Spule wechseln und eine Spule mit elastischem Nähgarn einsetzen.

11. Über die gesamte Stoffbreite entlang der Linien alle 1,5 cm eine Smoknaht anbringen. An jedem Anfang und Ende Rückstiche arbeiten und die nächste Naht nähen, ohne den Faden abzuschneiden. Der Stoff zieht sich zusammen, sodass sich die Größe halbiert.

12. Falls kein Garn mehr auf der Spule sein sollte, in das Fadenende einen Doppelknoten machen, eine neue Spule aufspulen und an der Stelle weiternähen, an der ihr aufgehört habt.

13. Den Schlauch anprobieren und mit einem Maßband die benötigte Länge der Träger abmessen. Dabei am unteren Saum beginnen und enden.

14. Den Rest des Kissenbezugs diagonal falten und mit Schneiderkreide einen Strich von der im vorigen Schritt abgemessenen Länge ziehen.

15. Den Stoff in 2 cm Abstand zu diesem Strich (zur Diagonalen hin) durchschneiden.

16. Die in Schritt 2 abgeschnittenen Kanten nach innen umschlagen, damit sie nicht ausfransen. Dabei die beiden Ecken einkerben (etwas einschneiden), damit der Stoff in den Ecken glatt liegt.

17. Möglichst dicht am Stoffbruch der umgeschlagenen Kante entlang festnähen.

18. An den Diagonalen einen Saum arbeiten, dafür den Stoff zweimal 1 cm breit nach innen umschlagen.

19. Die vordere Partie der Ärmel (Flügelärmel) so annähen, dass die Innenkanten mit 10 cm Abstand parallel verlaufen.

20. Die rückwärtige Partie der Flügelärmel so annähen, dass sie am oberen Saum 15 cm weit auseinanderliegen und sich am unteren Saum berühren.

21. Das Gummiband in zwei gleich lange Stücke schneiden. Jedes Stück muss etwa 2/3 so lang sein wie der Ärmel.

22. Das Gummiband auf der Innenseite der Ärmel im Zickzackstich an die Kante des Saums an die Schultern nähen, das Gummi dabei gespannt halten.

23. Da staunt ihr, oder? Dies ist die Rückseite ...

24. ... und das die Vorderseite des Tops. Seid ihr bereit, loszufliegen?

Kleidungsstück
Langes T-Shirt

Material
- Nahttrenner
- Schere
- Klammern oder Stecknadeln
- Nähmaschine
- Farblich passendes Nähgarn
- Schneiderkreide

YOGA-TOP

1. Das T-Shirt anziehen und tasten, in welcher Höhe euer Brustkorb endet (an der Vertiefung unterhalb des Brustbeins).

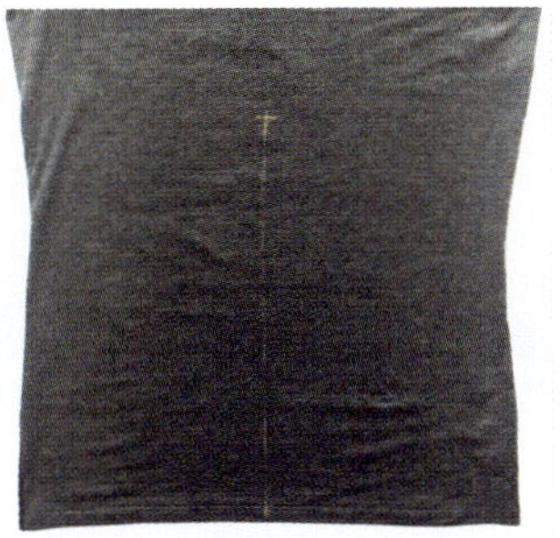

2. In dieser Höhe mit Schneiderkreide ein Kreuz markieren. Von dort eine senkrechte Linie bis zum unteren Saum zeichnen.

3. Den Stoff entlang der senkrechten Linie durchschneiden, dann die Seitennähe bis in Höhe des markierten Kreuzes aufschneiden.

4. Das T-Shirt auf den Rücken legen und unterhalb der Achseln waagerecht so durchschneiden, dass an den Seiten zwei Rechtecke von 7 cm Höhe und 5 cm Breite stehen bleiben.

5. Die Ärmel parallel zur Unterkante durchschneiden und nur die unteren Rechtecke einschließlich Saum behalten.

6. Diese Rechtecke an der Seitennaht aufschneiden, öffnen und oberhalb des T-Shirts hinlegen. Überstehenden Stoff abschneiden, sodass die Seiten auf einer Höhe liegen, dabei jedoch an jedem Teil 1 cm Nahtzugabe stehen lassen.

7. Die beiden Ärmelenden rechts auf rechts legen und an den Schmalkanten mit 1 cm Nahtzugabe im Geradstich zusammennähen. Diesen Streifen rechts auf rechts oben auf das T-Shirt legen und feststecken.

8. Aus dem Rest des T-Shirts zweimal drei Streifen à 40 x 4 cm zuschneiden.

9. Je zwei Streifen rechts auf rechts legen und an den Schmalkanten mit 1 cm Nahtzugabe zusammennähen, sodass zwei lange Streifen entstehen.

Tops & Blusen

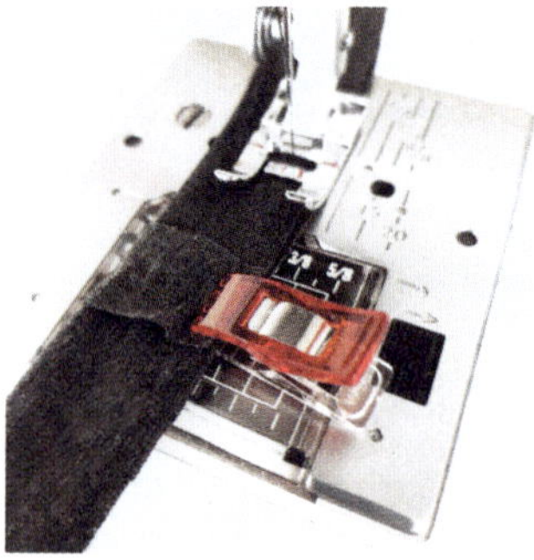

10. Die Nahtzugaben der Streifen auseinanderbügeln. Beide Streifen rechts auf rechts längs zum Schlauch falten und die offene Längsseite mit 0,5 cm Nahtzugabe zunähen.

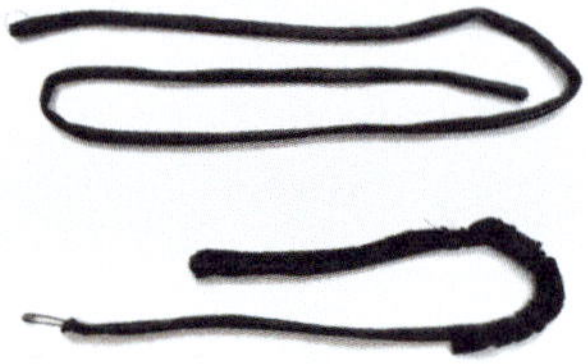

11. Mithilfe einer Sicherheitsnadel die beiden Schläuche auf rechts wenden, sodass zwei Träger entstehen.

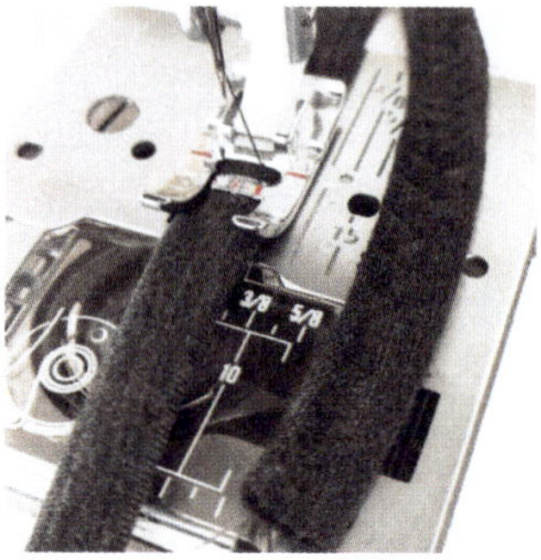

12. Die Naht in der Mitte platzieren und im Zickzackstich mit großer Stichlänge und -breite über die Träger nähen, damit sie sich nicht einrollen.

13. Die Träger mit 20 cm Abstand (an der Mitte des Tops gemessen) schräg zwischen die Ärmelstreifen und das T-Shirt legen. Ärmelstreifen und T-Shirt liegen dabei rechts auf rechts.

14. Den überstehenden Stoff der Ärmelstreifen abschneiden, um sie an die in Schritt 4 zugeschnittenen Ecken des T-Shirts anzugleichen. Mit Klammern befestigen, dann entlang der durch die Klammern fixierten Seiten zusammennähen (siehe Foto zu Schritt 13).

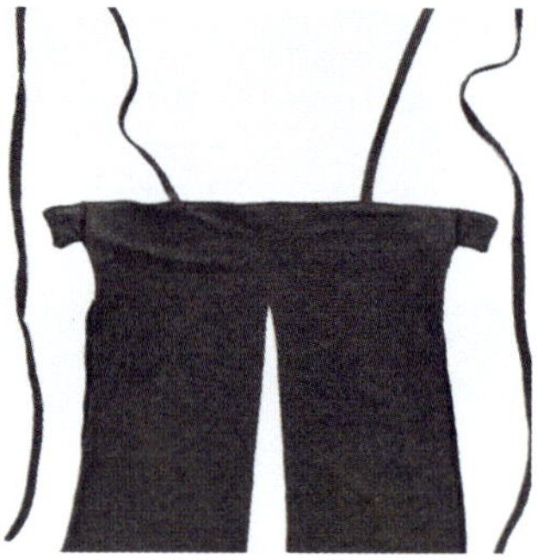

15. Das T-Shirt auf rechts wenden und die gesamte Oberkante mitsamt den Trägern absteppen.

16. Die beiden »Ohren« an den Seiten nach innen umschlagen und eine senkrechte Naht anbringen (dazu mindestens 1-mal hin und her nähen), sodass jeweils eine breite Schlaufe entsteht. Die Träger über Kreuz legen und durch die Schlaufen ziehen.

17. Die unteren Saumpartien auftrennen.

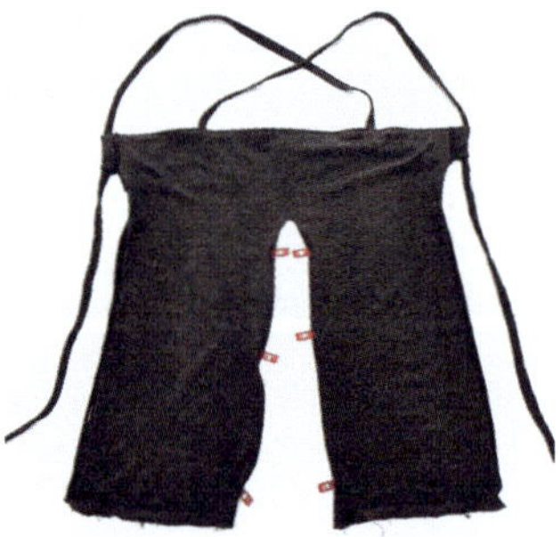

18. Die Seitenkanten des Schlitzes in der Mitte des Tops umsäumen. Da der T-Shirt-Stoff nicht ausfranst, genügt es, den Saum einmal 5 mm breit umzuschlagen.

19. Das Top auf rechts gedreht mit der Vorderseite zu euch gewandt hinlegen und die beiden Streifen verkreuzen.

20. Ohne etwas Anderes zu verschieben die Kanten der Streifen nach innen umschlagen und an den Schmalkanten mit 1 cm Nahtzugabe im Geradstich zusammennähen.

21. Das Top umdrehen, sodass die Rückenpartie zu euch zeigt. Den Streifen links auf links längs falten, sodass die offenen Kanten oben liegen, und mit Klammern fixieren.

22. Den Schlauch auf links wenden, ohne dass dabei die Klammern verrutschen. Die Klammern liegen nun innen, der Schlauch rechts auf rechts. Die Klammern nun von innen nach außen versetzen, dann die gesamte Kante der späteren Rückenpartie des Tops im Geradstich zusammennähen.

23. Den Schlauch erneut wenden und ... tadaa! Die Naht ist nicht mehr zu sehen.

24. Die Träger im Rücken verknoten – fertig! Die Kunst besteht nun darin, das Top auf Anhieb richtig anzuziehen, ohne sich zu verheddern. Sagt mir Bescheid, wenn ihr es geschafft habt!

Kleidungsstück
Webware-Schal mit Fransen

Material
- Schere
- Stecknadeln
- Nähmaschine
- Farblich passendes Nähgarn
- Schneiderkreide
- Sicherheitsnadel

KIMONO-TOP

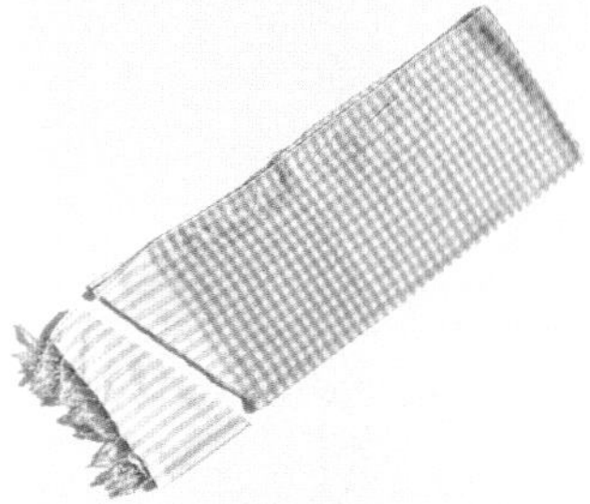

1. Den Schal auf ein Viertel falten, einmal längs und einmal quer. An den langen Kanten mit 8 cm bzw. 16 cm Abstand zur Fransenkante eine Markierung einzeichnen. Die Markierungen mit einer Linie verbinden und alle vier Stofflagen entlang der Linie durchschneiden.

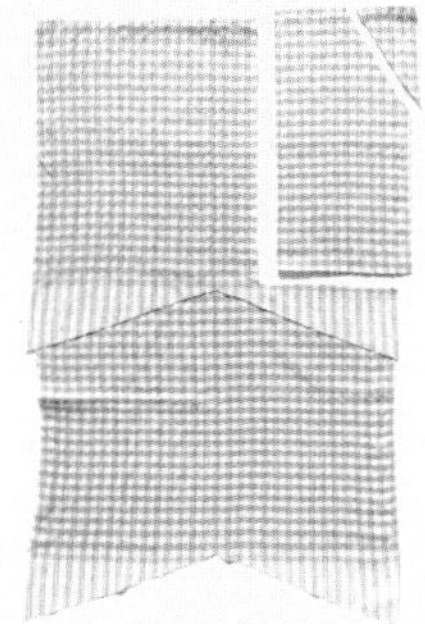

2. Längs auseinanderfalten, den Stoffbruch der Breite so weit nach oben schieben, dass ihr zwei Rechtecke à 42 x 22 cm abschneiden könnt. Die obere rechte Ecke für den V-Ausschnitt schräg abschneiden. An der Oberkante ca. 10 cm für die Schultern stehen lassen.

3. An dem übrigen Stoff aus nur einer Stofflage ein Quadrat von 40 x 40 cm ausschneiden. Dies wird das Rückenteil.

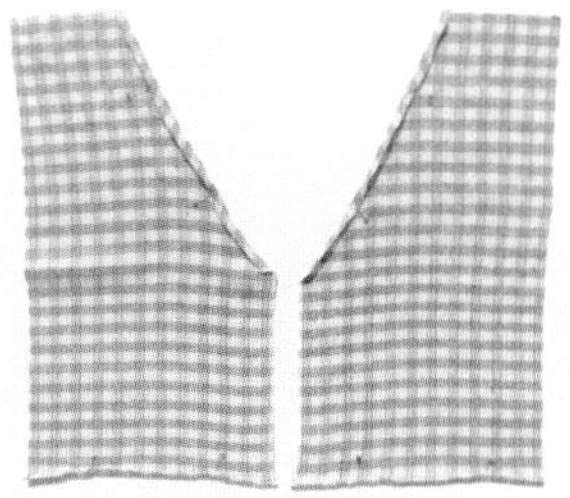

4. Das Teil mit dem V-Ausschnitt an dem Schulterfalz (Oberkante) durchschneiden. An den Kanten des V-Ausschnitts und den Unterkanten dieses rechten und linken Vorderteils einen Saum nähen; dafür die Kanten nach innen umbügeln.

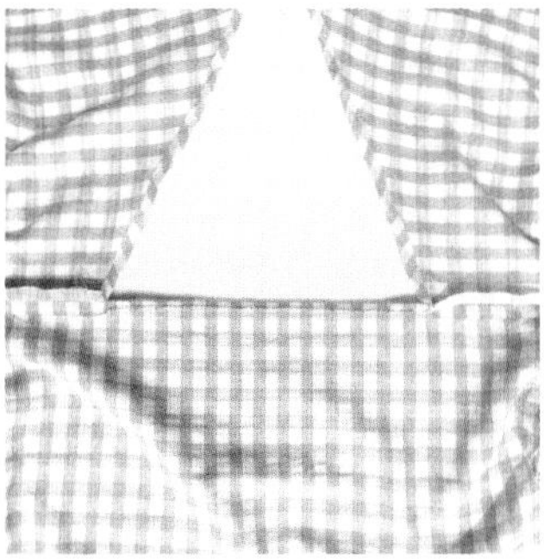

5. Die Vorderteile mit den Schulterkanten (kürzeste Seite) rechts auf rechts auf das Rückenteil legen und zusammennähen: Geradstich an linkem Vorder- + Rückenteil, Zickzack zum Versäubern der offenen Kante des Rückenausschnitts, Geradstich an rechtem Vorder- + Rückenteil.

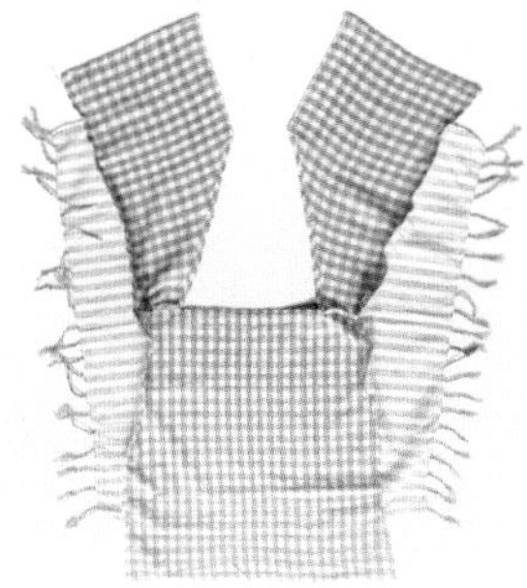

6. Die in Schritt 1 abgeschnittenen Fransen rechts auf rechts so an den Armausschnitten feststecken, dass die breiteste Stelle an der Schulternaht sitzt. Mit 1 cm Nahtzugabe im Geradstich annähen.

7. Das Top, immer noch auf links, an den Schultern falten und die beiden Strecken unter den Achseln im Geradstich zusammennähen.

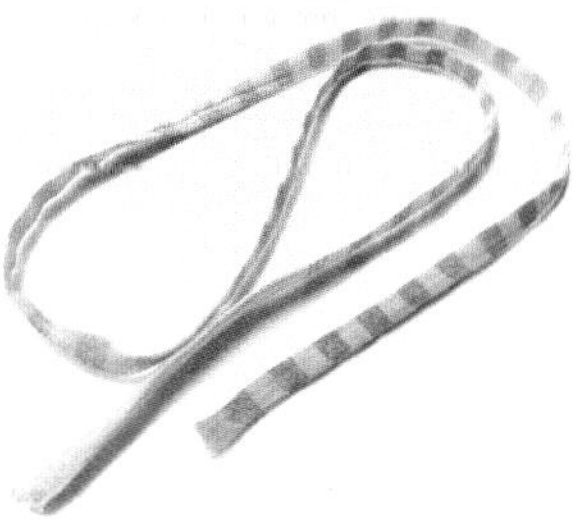

8. Aus den Stoffresten des Schals zwei Streifen à 80 x 2 cm zuschneiden. Diese Streifen längs zusammennähen (siehe S. 30, 10. & 11.) und in vier gleich lange Stücke schneiden.

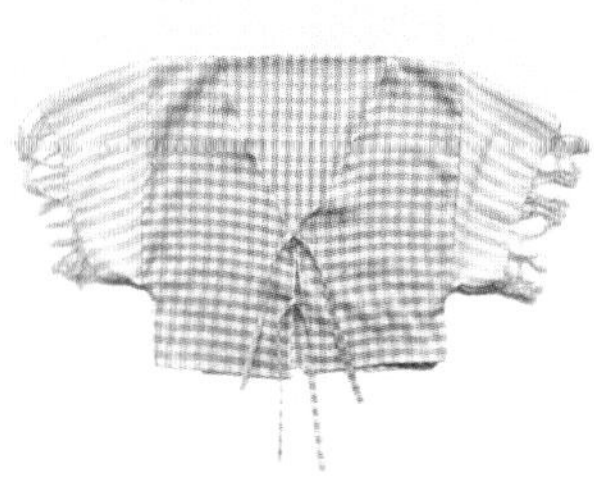

9. An beiden Vorderteilen in gleicher Höhe je zwei dieser Bindebänder annähen. Fertig!

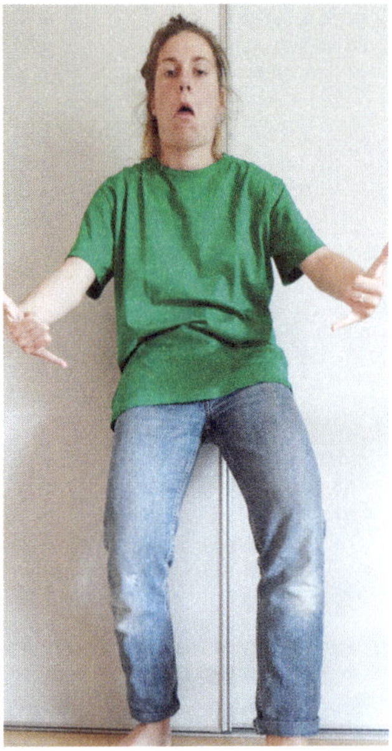

Kleidungsstück
Herren-T-Shirt mit kurzen Ärmeln, oversize (1-2 Größen über eurer Größe)

Material
- Nahttrenner
- Schere
- Stecknadeln
- Nähmaschine
- Farblich passendes Nähgarn
- Schneiderkreide
- Sicherheitsnadel
- Bügeleisen

Tipp
Um aus einem bereits getragenen T-Shirt etwas zu nähen, nicht die vorhandenen Seitennähte nutzen, da sich diese oft schon verzogen haben. Stattdessen das Shirt an den Achseln halten und die Seiten so legen, wie das T-Shirt fällt.

T-SHIRT MIT VERSTELLBAREM AUSSCHNITT

1. Das T-Shirt auf rechts gewendet flach ausbreiten.

2. Das Halsbündchen und die Ärmel heraustrennen. Das dauert ziemlich lang, also habt Geduld!

3. Das T-Shirt anprobieren und 1 cm oberhalb der gewünschten Tiefe des Ausschnitts eine Markierung einzeichnen. Das Vorderteil des Shirts Schulter auf Schulter falten. Von der Markierung bis zur Schulternaht ein »V« ausschneiden.

4. An der Bruchkante eines Ärmels einen 4 cm breiten Streifen abschneiden (auseinandergefaltet 8 cm breit).

5. Die beiden Längskanten des Streifens so nach innen falten, dass ein 3,5 cm breites Rechteck entsteht.

6. Dieses Rechteck unterhalb des Ausschnitts so auf die rechte Stoffseite des Vorderteils stecken, dass die Kante mit dem ursprünglichen Ärmelsaum nach unten zeigt.

7. Das Rechteck mit drei Nähten auf das Vorderteil steppen, eine an jeder Längskante und eine in der Mitte. Die Schmalkanten bleiben offen.

8. Die Ärmelnaht des zuvor herausgetrennten 2. Ärmels auftrennen.

9. Etwa 2 cm breite Streifen abschneiden.

Tops & Blusen

10. Diese Streifen an den Schmalkanten rechts auf rechts zusammenstecken und zusammennähen.

11. An den Streifenenden ziehen, sodass ein langes, dünnes Band entsteht.

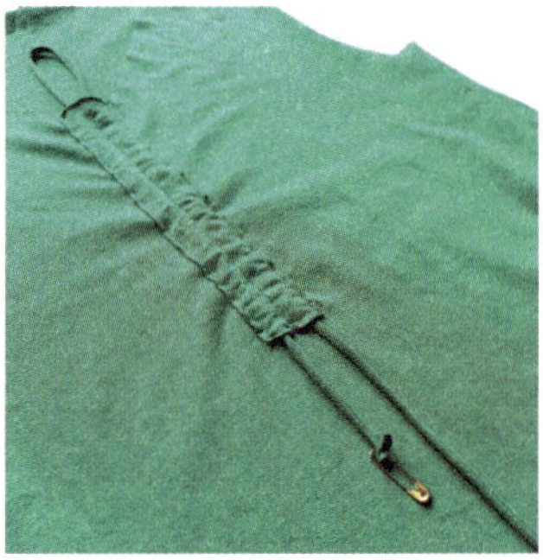

12. Dieses Band mithilfe einer Sicherheitsnadel in die beiden Tunnel des Rechtecks einziehen, dabei unten beginnen und enden.

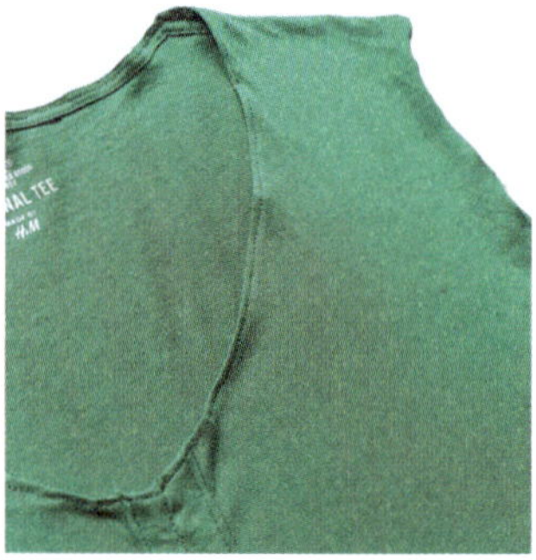

13. Die Ausschnittkante zweimal 5 mm breit nach innen umschlagen und im Geradstich festnähen.

14. Das in Schritt 2 abgetrennte ursprüngliche Halsbündchen des T-Shirts auseinanderfalten und entlang des Stoffbruchs durchschneiden.

15. Mit dem Bügeleisen die beiden Teile so umbügeln, dass zwei neue Bündchenteile entstehen, ebenso lang wie ursprünglich, aber halb so hoch.

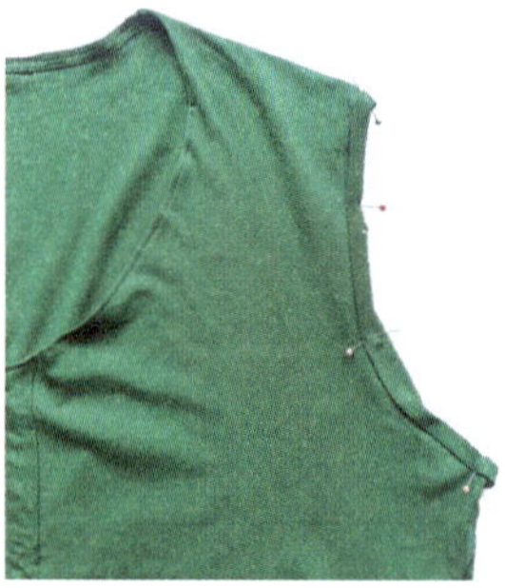

16. Jeweils ein Bündchenteil leicht gedehnt, rechts auf rechts an einen Armausschnitt stecken, sodass die Enden unter den Achseln liegen ...

17. ... und sich über der Naht 2 cm weit überlappen. Weiter überstehenden Stoff abschneiden. Bündchen annähen.

18. Die Bündchen nach außen umschlagen und 2 mm neben der Naht absteppen, um die Nahtzugabe zu fixieren.

19. Falls das Top beim Anprobieren zu groß ist, einfach auf links wenden, einzeichnen, wo die Seitennähte sitzen sollen, dort beidseits eine Naht anbringen und den überstehenden Stoff abschneiden.

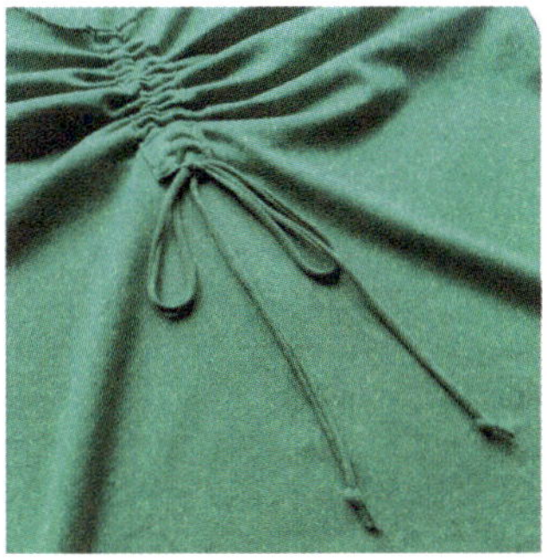

20. Das T-Shirt auf rechts wenden, die Bindebänder zusammenziehen und eine Schleife binden. Die Enden auf die Länge abschneiden, die euch gefällt und jedes Ende mit einem Knoten befestigen.

21. Und jetzt einen Schritt zurücktreten. Genial, oder?

Kleidungsstück
Langarmshirt

Material
- Nahttrenner
- Schere
- Stecknadeln
- Nähmaschine
- Farblich passendes Nähgarn
- Schneiderkreide
- Zwillingsnadel (optional)
- Gardinenring, siehe Schritt 1

Tipp
Die Schritte 15-24 sind nicht obligatorisch; sie dienen dazu, dass das Top enger anliegt.

SHIRT MIT TIEFEM DEKOLLETÉ

1. Der Gardinenring kann eine beliebige Größe haben. Je dünner er ist, desto einfacher wird das Nähen. Dieser Ring ist 8 mm dick und hat einen Durchmesser von 7 cm.

2. Das Halsbündchen komplett heraustrennen.

3. Das T-Shirt längs falten (Rücken auf Rücken, Seitennähte genau aufeinander). Die Oberkante des Rings in Höhe der Achseln an der Bruchkante des Vorderteils auflegen.

4. Eine Kante des Vorderteil-Ausschnitts bis zur Oberkante des Rings trichterförmig zuschneiden.

5. Das T-Shirt umdrehen und die andere Kante des Vorderteil-Ausschnitts genau gegengleich zuschneiden.

6. Das T-Shirt wieder flach ausbreiten und am Vorderteil einen senkrechten Schlitz von der Länge des Ringdurchmessers einschneiden.

7. Für den Saum des Ausschnitts den Stoff nach innen umschlagen. Wenn ihr eine Zwillingsnadel habt, genügt ein einfacher Umschlag (1 cm breit), ansonsten zweimal 5 mm breit umschlagen.

8. Von rechts den Saum rings um den Ausschnitt festnähen, außer das Ende des Schlitzes.

9. So sieht der Ausschnitt nun aus.

10. Das T-Shirt auf links wenden und den Ring so auflegen, dass das Schlitzende genau in der Mitte des Rings liegt.

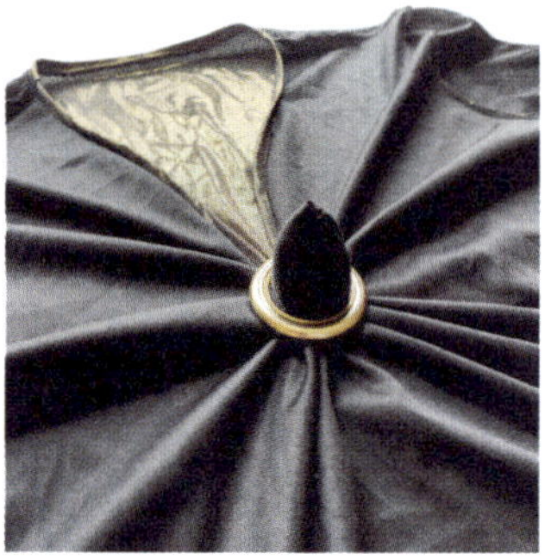

11. Das Schlitzende senkrecht nach oben durch den Ring ziehen, dabei den Ring auf die Arbeitsfläche drücken, sodass die Falten sich gleichmäßig um den Ring verteilen.

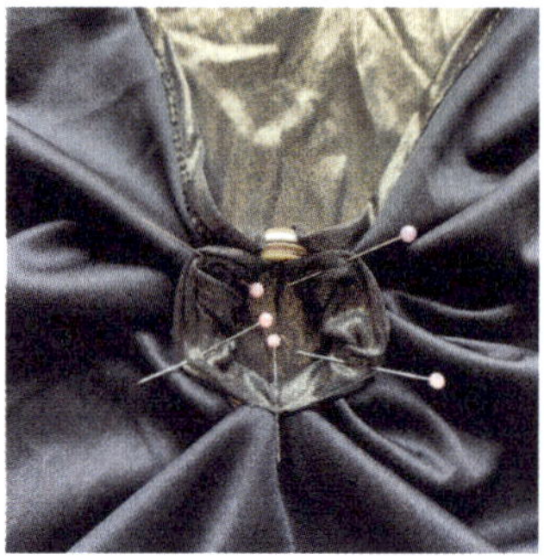

12. Den Stoff so gut wie möglich rings um den Ring feststecken. Damit das leichter geht, könnt ihr zwei gegenüberliegende kleine Schlitze in die Kanten schneiden.

13. Im Geradstich ringsum möglichst dicht am Ring festnähen.

14. Die Falten nochmals gleichmäßig rings um den Ring verteilen.

15. Den unteren Saum des Shirts auf eure Wunschlänge abschneiden. Ihr könnt auch ein Crop-Top nähen.

16. Die Ärmelnähte am Saum des Handgelenks jeweils 2 cm weit auftrennen.

17. Das T-Shirt anprobieren und beidseits die Weite an den Ärmeln und der Taille abstecken, damit ihr seht, wie viel ihr abschneiden müsst. Das Shirt wieder flach ausbreiten und die abgesteckten Linien mit Kreide nachzeichnen.

18. Im Geradstich entlang der Kreidelinien zusammennähen. Den überstehenden Stoff 1 cm neben der Naht abschneiden.

19. Die Nahtzugaben im Zickzackstich versäubern.

20. Den Saum an beiden Handgelenken in der ursprünglichen Naht wieder festnähen.

21. Wenn ihr keine Zwillingsnadel habt, zwei Nähte im Geradstich nähen, um die beiden Nähte zu verbinden.

22. Den unteren Saum des Tops abstecken.

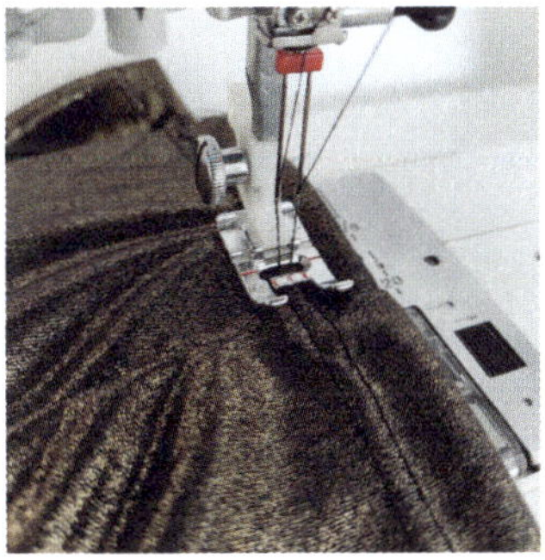

23. Mit der Zwillingsnadel 1,5 cm vom Rand entfernt festnähen. Ohne Zwillingsnadel eine einfache Naht im Geradstich nähen.

24. Wenn ihr dieses tief ausgeschnittene Shirt tragt, achtet kein Mensch darauf, dass an euren Gardinen ein Ring fehlt!

Kleidungsstück
Bluse mit überschnittenen Schultern
(Diese Technik funktioniert auch super mit einem zu großen Herrenhemd)

Material
- Nahttrenner
- Schere
- Stecknadeln
- Nähmaschine
- Farblich passendes Nähgarn
- Schneiderkreide

BLUSE MIT ANGEKRÄUSELTEN VORDERTEILEN

1. Darauf achten, dass die Schultern der Bluse mehr als 8 cm weit über eure Schultern fallen, damit es genügend Stoff für die Kräuselung gibt.

2. Die Bluse auf links wenden, anprobieren und am Rückenteil auf beiden Seiten euren Schulteransatz markieren. Die Blusenärmel heraustrennen, die Schulternähte auftrennen.

3. An jeder Schulter: am Rückenteil ein Dreieck abschneiden, von der Achsel bis zu eurer Schultermarkierung.

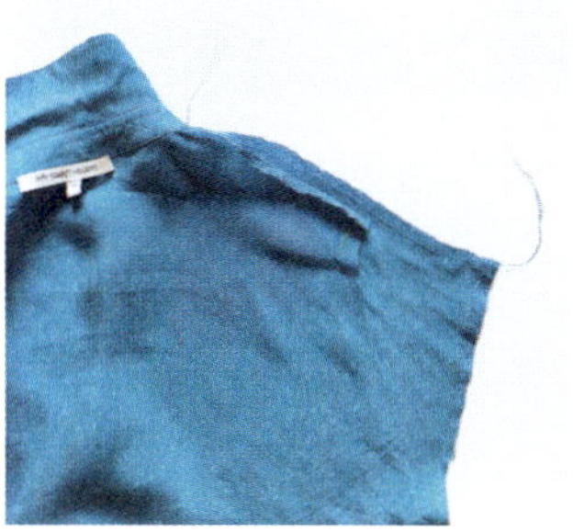

4. Am Vorderteil in Höhe der ursprünglichen Schulternaht im Geradstich mit größtmöglicher Stichlänge zwei parallele Nähte anbringen. Damit habt ihr die »Kräuselfäden« zur Anfertigung der Raffung genäht.

5. Die Schulterpartien so weit einkräuseln, dass sie genauso breit sind wie die Schultern am Rückenteil. Mit reichlich Stecknadeln feststecken.

6. Die Stichlänge des Geradstichs wieder reduzieren und die Schulterstrecke mit einer Naht zwischen den beiden Kräuselnähten befestigen. Dann die Kräuselfäden komplett herausziehen.

7. Einen Ärmel rechts auf rechts in die immer noch auf links gewendete Bluse schieben und rings um den Armausschnitt so feststecken, dass Ärmelnaht und Seitennaht an der Achsel aneinanderstoßen.

8. Falls möglich, den Anschiebetisch eurer Nähmaschine abnehmen, damit ihr den Ärmel leichter einnähen könnt. Die Schritte 6 und 7 am 2. Ärmel wiederholen.

9. Die Bluse auf rechts wenden, dann die Kräuselfalten sauber ausbügeln. Kleiner Aufwand, große Wirkung. Bravo!

Kleidungsstücke
Bluse
Halstuch (Größe mindestens 70 x 40 cm)

Material
- Nahttrenner
- Schere
- Stecknadeln
- Nähmaschine
- Farblich passendes Nähgarn
- Schneiderkreide
- Maßband

Tipp
Anstelle des Halstuchs könnt ihr auch ein Stück dünnen Stoff verwenden oder einfach die Reste des Hoodies (siehe S. 98)

BLUSE MIT LANGEN PUFFÄRMELN

1. Schaut, ob euch die Farbkombination von Bluse und Halstuch gefällt.

2. Die Naht der Manschetten komplett auftrennen und die Manschetten beiseitelegen.

3. Ab der Schulternaht nach unten die Hälfte der Armausschnittnaht auftrennen.

4. So sieht eure Bluse jetzt aus.

5. Die Bluse flach ausbreiten und die Ärmel in Höhe des äußeren Stoffbruchs der Länge nach aufschneiden.

6. Das Tuch mindestens 20 cm weit umfalten (die Breite bestimmt, wie bauschig der Puffärmel wird) und an den aufgeschnittenen Ärmel legen.

7. Aus der doppelten Stofflage ein trapezförmiges Teil zuschneiden. Die Oberkante ist 20 cm breit (auseinandergefaltet 40 cm), die Unterkante 10 cm (auseinandergefaltet 20 cm). Die Länge muss mit der Ärmellänge übereinstimmen.

8. Das Trapez längs in der Mitte durchschneiden, sodass ihr zwei symmetrische Ärmeleinsätze erhaltet.

9. Jeden Ärmeleinsatz auffalten und zunächst mit einer langen Kante rechts auf rechts an einen Ärmel stecken.

Tops & Blusen

10. Im Geradstich mit 1 cm Nahtzugabe annähen.

11. Die Nahtzugaben im Zickzackstich versäubern, damit der Stoff nicht ausfranst.

12. Auf der Seite des Tuchs absteppen, damit die Nahtzugabe am Arm beim Tragen nicht stört.

13. Den Ärmel flach auseinanderbreiten; die rechte Stoffseite zeigt zu euch.

14. Die zweite lange Kante des Ärmels rechts auf rechts an die andere lange Kante des Tuchs legen und feststecken. Im Geradstich zusammennähen und die Nahtzugaben im Zickzackstich versäubern.

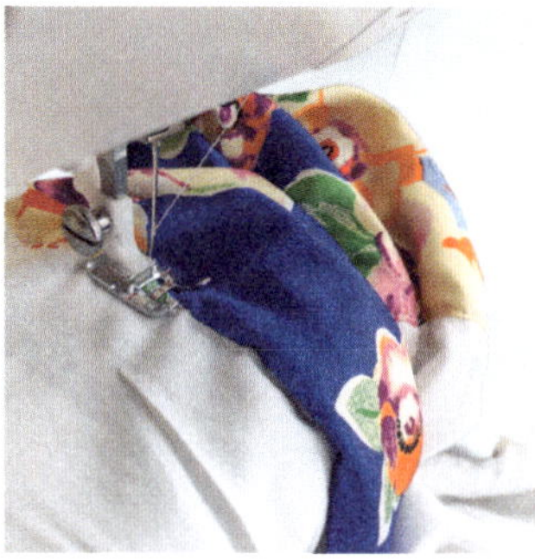

15. Den Ärmel wenden und die Naht auf der gesamten Länge absteppen; dazu den Ärmel nach und nach unter das Nähfüßchen schieben.

16. Die Schritte 9–5 für den anderen Ärmel wiederholen.

17. An den offenen Schultern auf beiden Seiten 5 cm neben der Naht des Tuchs eine Markierung für die Kräuselnähte anbringen. Und los geht's!

18. Von einer Markierung zur anderen im Geradstich mit größtmöglicher Stichlänge zwei parallele Nähte anbringen, die erste 1 cm vom Rand entfernt, die zweite 1,5 cm.

19. Zum Einkräuseln des Stoffs von beiden Seiten an den Fäden der Kräuselnähte ziehen, bis die Breite des Ärmels an der Schulter wieder genau in den Armausschnitt passt.

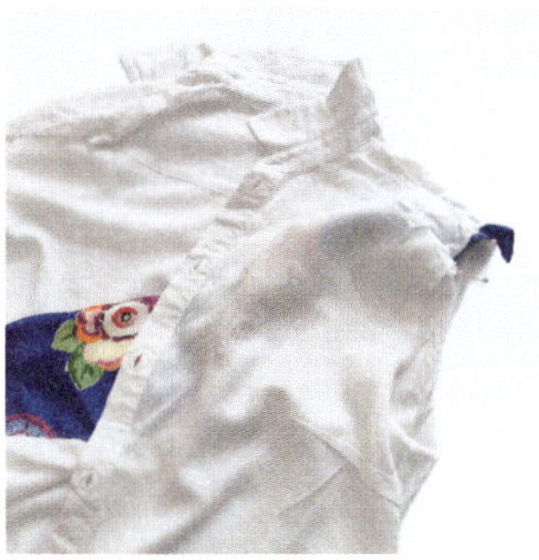

20. Die Bluse auf links wenden und die Armausschnittnaht in Höhe der Kräuselfalten von links zunähen. Danach die Kräuselfäden herausziehen.

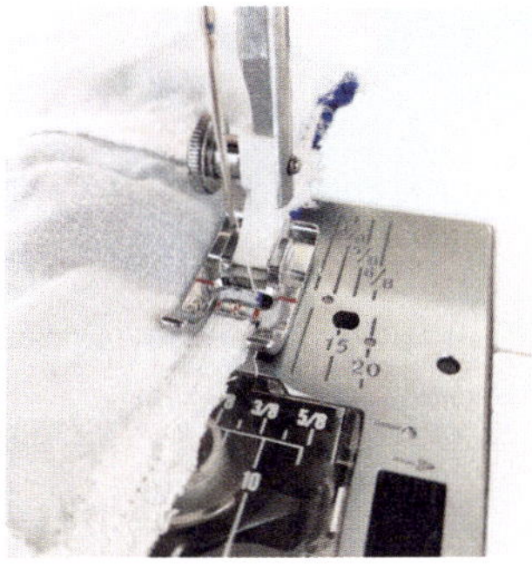

21. Die Armausschnittnaht ringsum absteppen.

22. Die Schritte 17–21 für den anderen Ärmel wiederholen, dann die Bluse auf rechts wenden.

23. Unten am Ärmel im Geradstich mit größtmöglicher Stichlänge zwei parallele Nähte ohne Rückstiche anbringen (etwa entlang der ursprünglichen Naht der Manschetten). Dabei 4 cm vor der Halstuchpartie beginnen und 4 cm nach der Halstuchpartie enden.

24. Den Stoff einkräuseln, bis er wieder genauso breit ist wie die beiseitegelegten Manschetten.

25. Die Manschetten mit reichlich Stecknadeln sandwichartig rings um den Ärmel feststecken.

26. Entlang der ursprünglichen Naht zusammennähen. Die Kräuselfäden herausziehen. Den Knopf schließen.

27. Sehr chic!

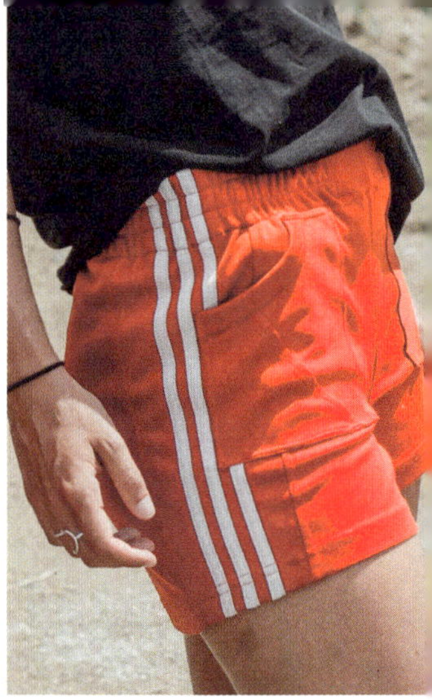

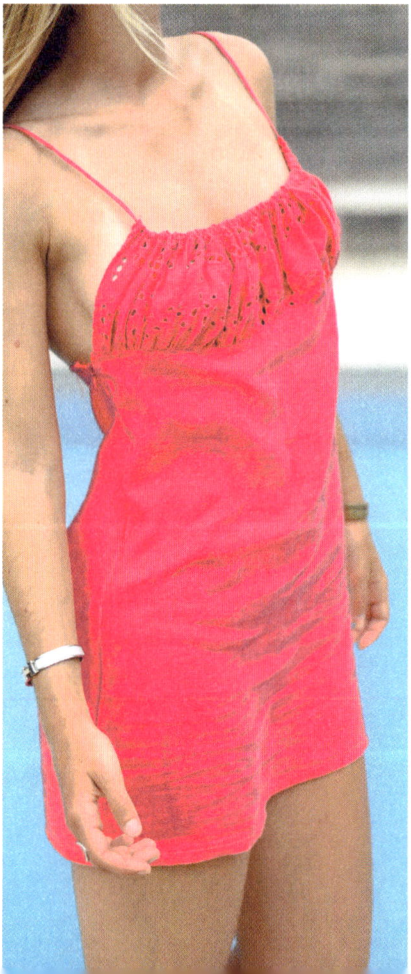

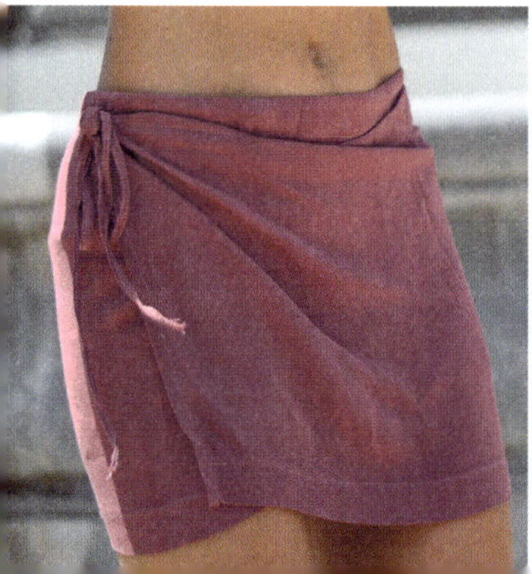

RÖCKE, KLEIDER & HOSEN

Kleidungsstück
Ein passendes oder zu kleines Kleid

Material
- Nahttrenner
- Schere
- Stecknadeln
- Nähmaschine
- Farblich passendes Nähgarn
- Schneiderkreide
- Großes Lineal
- Bügeleisen

WICKEL-MINIROCK

1. Das Kleid flach vor euch ausbreiten: Je weiter das Kleid geschnitten ist, desto einfacher ist es, die benötigten Teile zuzuschneiden.

2. Beide Stofflagen 1 cm oberhalb eurer gewünschten Rocklänge waagerecht durchschneiden.

3. Das Rückenteil des Kleids in der Mitte so falten, dass die Schultern und Seitennähte genau aufeinanderliegen.

4. Aus dem gesamten Rückenteil ein Rechteck ausschneiden. Dieses muss etwas länger sein als der Schlauch des zukünftigen Rocks. Auseinandergefaltet muss es so breit sein wie das Vorderteil des Rocks.

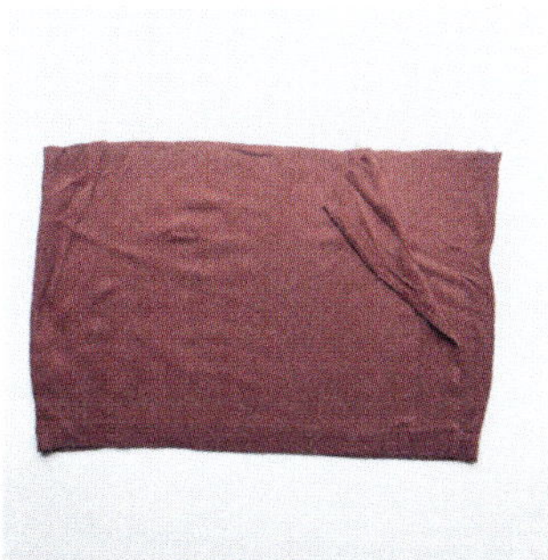

5. An dem abgeschnittenen Rockteil eine Seitennaht auftrennen.

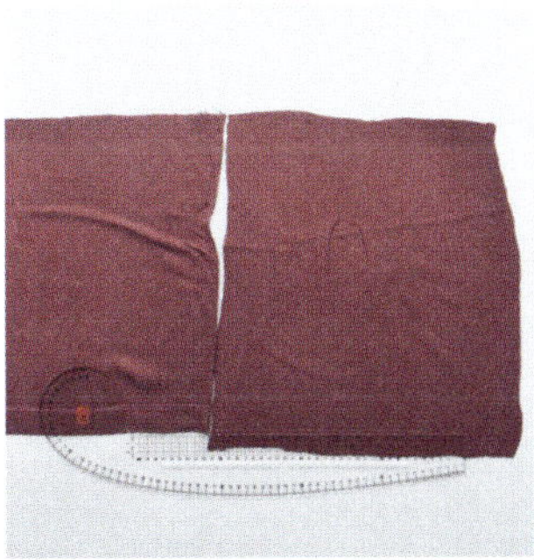

6. Das aus dem Rückenteil zugeschnittene Rechteck und das Rockteil so nebeneinanderlegen, dass die Oberkanten auf einer Höhe sind.

7. In Höhe des Saums des Rockteils eine waagerechte Linie auf dem Rückenteil-Rechteck einzeichnen.

8. In Höhe dieser Linie einen Saum umbügeln. Feststecken und im Geradstich entlang der Stecknadeln festnähen. Nun sind eure beiden Schnittteile gleich lang.

9. Das Rückenteil-Rechteck rechts auf rechts auf das Rockteil legen, entlang der Seitenkante feststecken und mit 1 cm Nahtzugabe zusammennähen.

Röcke, Kleider & Hosen

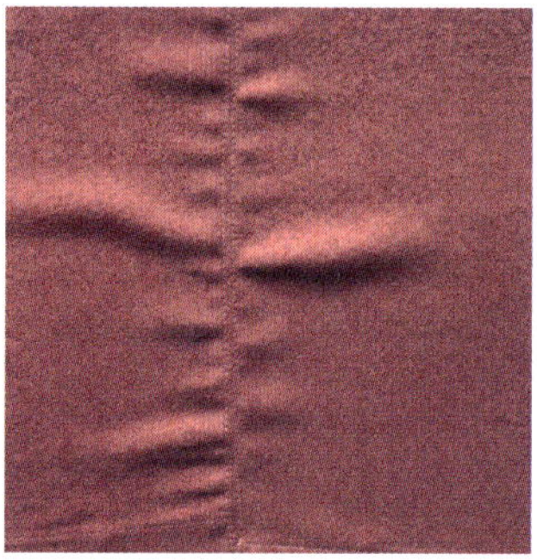

10. Die Nahtzugaben auseinanderbügeln und die Naht auf beiden Seiten absteppen.

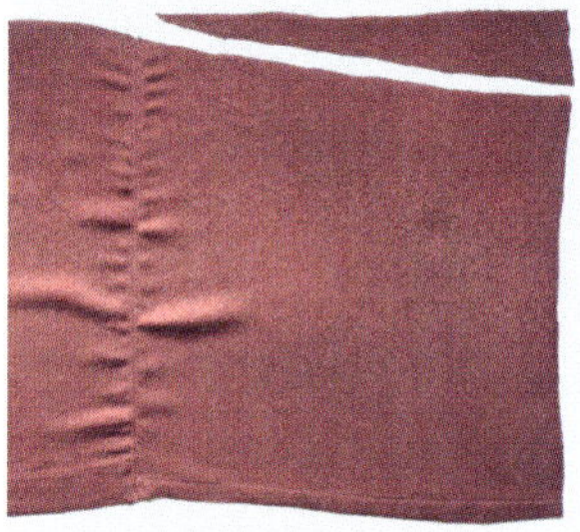

11. Die Oberkante des Rückenteil-Rechtecks schräg zuschneiden. Die Schnittlinie beginnt an der abgesteppten Naht und endet an der Seitenlinie, 5 cm unterhalb der Oberkante.

12. Die Seitenkanten umsäumen: dazu zweimal 1 cm breit umbügeln und im Geradstich festnähen.

13. Aus dem vorderen Oberteil des Kleids so viele 5 cm breite Streifen zuschneiden, dass die Länge für die Taille des Rocks (Rockbund) ausreicht, außerdem drei 2 cm breite Streifen für die Bindebänder.

14. Die 5 cm breiten Streifen an den Schmalkanten rechts auf rechts mit 1 cm Nahtzugabe zusammennähen und die Nahtzugaben auseinanderbügeln.

15. Eine Längskante dieses Rockbunds 5 mm breit nach innen umbügeln und 3 mm vom Rand entfernt festnähen.

16. Den Rockbund rechts auf rechts an die Oberkante des Rocks legen, sodass er an den Seiten jeweils um 2 cm übersteht. Mit 1 cm Nahtzugabe zusammennähen, dann den Bund umklappen.

17. Zwei der drei 2 cm breiten Streifen an den Schmalkanten mit 1 cm Nahtzugabe zusammennähen, Nahtzugaben auseinanderbügeln.

18. Beide Streifen längs umbügeln wie folgt: zuerst beide Längskanten 5 mm breit nach innen umbügeln, dann längs genau in der Mitte umbügeln.

19. Die Bindebänder entlang der offenen Längskante knappkantig zusammennähen.

20. Das lange Bindeband in den Bund der kleinen Rockbahn schieben, das kurze Band in den Bund der breiteren Rockbahn. Den überstehenden Stoff des Rockbunds nach innen umstülpen. Die Seitennähte des Bunds zunähen, um die Bindebänder zu befestigen.

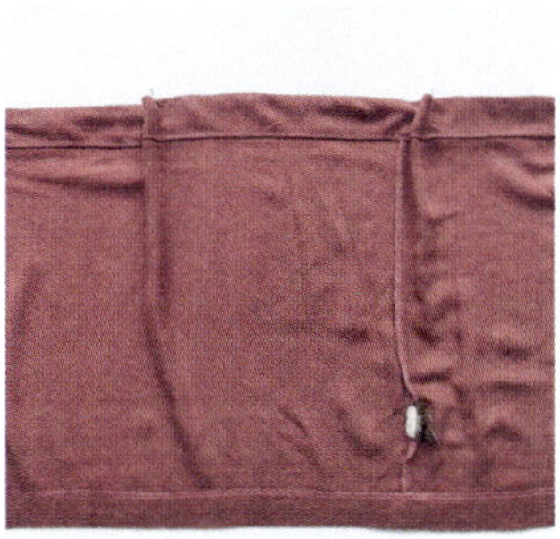

21. Den Rockbund an der längeren Kante festnähen. Dann den Rock anprobieren und überschüssigen Stoff an der Rückenpartie abstecken, um den Rock an eure Taille anzupassen. Piekst euch nicht beim Abstecken!

22. Diese Abnäher nähen, dabei die Naht 11 cm unterhalb der Oberkante auslaufen lassen. Die Abnäher auf links zur Außenkante umbügeln.

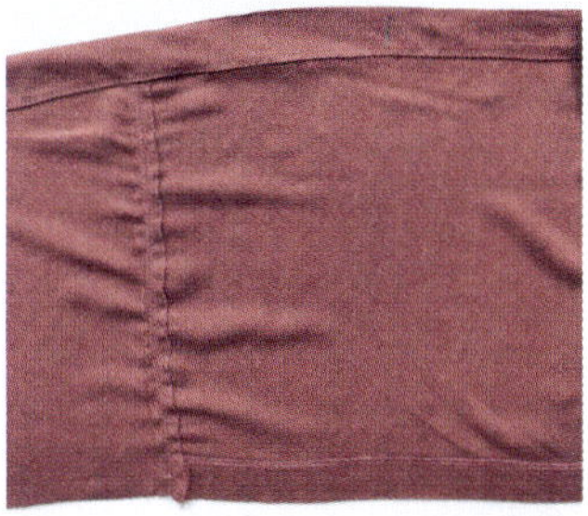

23. Den Rock erneut anprobieren und die Stelle, an der die beiden Rockbahnen sich treffen, mit Kreide markieren. Dort wird das Loch für das Bindeband sitzen – besser zu dicht an der kurzen Seite als zu weit entfernt.

24. In Höhe der Markierung genau in der Mitte des Bunds ein Knopfloch nähen.

25. Das lange Bindeband hinter dem Rücken herführen und durch das Knopfloch fädeln, sodass es außen herauskommt ...

26. ... und zusammen mit dem kurzen Bindeband eine Schleife binden.

27. Superpraktisch, oder?

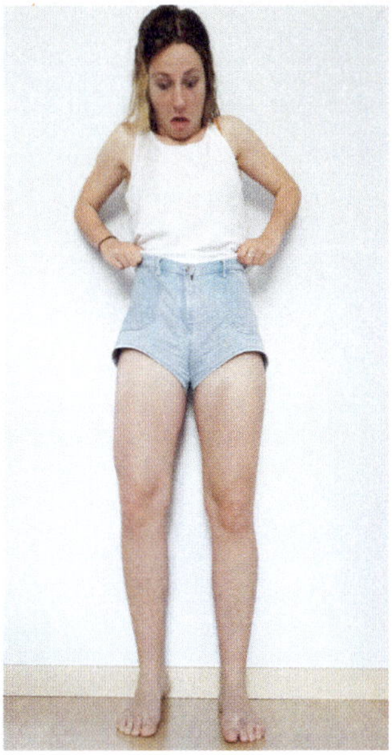

Kleidungsstück

Zu kurze Shorts und Stoffreste aus Jeansstoff

(Hier haben wir die Stoffreste der Regular Jeans verwendet, siehe S. 76)

Material

- Nahttrenner
- Schere
- Stecknadeln
- Nähmaschine
- Farblich passendes Nähgarn
- Maßband
- Schneiderkreide
- Bügeleisen
- Altes Geschenkpapier
- Filzstift

PATCHWORKROCK

1. Vergewissert euch vor Beginn, dass ihr genug Jeans-Stoffreste habt. Es dürfen ruhig verschiedene Waschungen sein!

2. Die Shorts mit der Rückseite nach oben hinlegen und die unteren Spitzen der Gesäßtaschen auftrennen.

3. Aus der Rückseite Stücke ausschneiden, wie es euch gefällt; dabei nicht in die Taschen schneiden. Die abgeschnittenen Teile beiseitelegen, die könnt ihr noch gebrauchen.

4. Die Säume auftrennen, falls noch welche übrig sind. Die Nähte im Schritt ebenfalls auftrennen.

5. Die Shorts mit der Vorderseite nach oben hinlegen. Auch hier Stücke herausschneiden und die Säume auftrennen.

6. Falls ihr bis unter die vorderen Taschen schneiden wollt, diese gerade so weit auftrennen wie nötig, damit ihr kein Loch in die Taschen schneidet.

7. Mit der Schere in alle Ecken, die ihr ausgeschnitten habt, eine kleine Kerbe (5 mm) schneiden.

8. Die Shorts auf links wenden. Die ausgeschnittenen Kanten auf die Innenseite der Shorts umbügeln, dabei mithilfe der eingekerbten Schlitze die Ecken ausformen.

9. Ein Stück altes Geschenkpapier in der Mitte falten und mit dem Falz zur Mitte unter die Shorts legen. Mit dem Filzstift die Hälfte eures Traumrocks in der gewünschten Länge aufzeichnen.

Röcke, Kleider & Hosen

10. Das Schnittteil aus dem Papier ausschneiden, auseinanderfalten und mit Filzstift die zu füllenden Lücken nachzeichnen.

11. Die Partie, an der ihr »patchworken« müsst, schraffieren. Für das Rückenteil auf die gleiche Weise einen Papierschnitt anfertigen.

12. Die schraffierten Partien mit euren Stoffresten abdecken. Dabei auf den Fadenlauf des Stoffs achten, außerdem auf die Nahtzugaben (1 cm pro Seite) und die Zugabe für den Saum (3 cm).

13. Alle eure Stoffstücke rechts auf rechts 1 cm vom Rand entfernt aneinanderstecken und im Geradstich zusammennähen, dann im Zickzackstich versäubern.

14. Die Nähte ausbügeln, dabei gut am Stoff ziehen. Dann an den Stellen, an denen noch kein Saum ist, den Saum zweimal 1,5 cm breit umbügeln.

15. Den Saum im Geradstich mit großer Stichlänge festnähen.

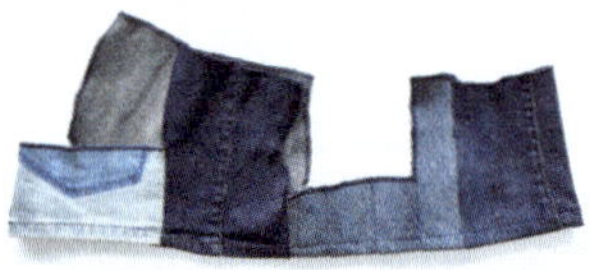

16. Kontrollieren, ob die Patchworkstreifen für das Vorder- und Rückenteil breit genug sind. Dann die vordere und hintere Patchworkpartie zur unteren Rockpartie zusammennähen. Alle Ecken im Zickzackstich versäubern.

17. Die untere Rockpartie in die obere Hauptpartie hineinschieben und entlang der Kanten feststecken. Es dürfen keine Lücken vorhanden sein.

18. Die obere und untere Partie möglichst dicht an der Saumkante entlang annähen.

19. An den Ecken die Nadel im Stoff versenken, den Nähfuß anheben und den Stoff um die Nadel drehen. So werden die Ecken sauberer genäht.

20. Die Gesäßtaschen entlang der ursprünglichen Nähte wieder annähen ...

21. ... und ebenso die vorderen Taschen. Tadaa!

Kleidungsstück
Fußballtrikot in eurer Größe oder zu groß
(Diese Technik eignet sich auch für ein dickes T-Shirt oder Poloshirt)

Material
- Nahttrenner
- Schere
- Stecknadeln
- Nähmaschine
- Farblich passendes Nähgarn
- Schneiderkreide
- Maßband
- Gummiband in der Länge eures Taillenumfangs
- Kurvenlineal oder Schneider-kurve (optional)
- Blatt Papier (DIN A4)
- Bügeleisen
- Zwillingsnadel (optional)

SPORT-SHORTS

1. Das Trikot flach ausbreiten. Je größer es ist, desto kürzer muss die ab Schritt 5 angesetzte Zugabe im Schritt sein. Hier verwende ich ein T-Shirt in meiner Größe, also muss die Zugabe lang sein.

2. Das Trikot unterhalb der Achseln waagerecht durchschneiden.

3. Die Seitennähte genau übereinander in die Mitte legen.

4. Für die vordere Schrittkante am Vorderteil 9 cm oberhalb des unteren Saums eine Markierung einzeichnen. Ab dieser Markierung eine geschwungene Linie bis zur Oberkante (3 cm neben der Seitenkante) zeichnen. Stoff an der Linie durchschneiden.

5. Das abgeschnittene obere Rückenteil Naht auf Naht falten und den Stoffbruch mit dem Halsausschnitt nach außen schräg an das untere Rückenteil legen.

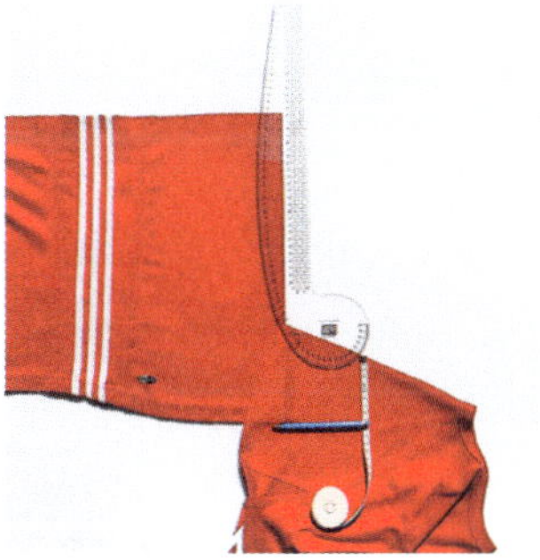

6. Das Kurvenlineal anlegen, damit ihr euch die hintere Schrittkante vorstellen könnt. Sie muss am äußeren Ende 9 cm hoch sein. Die Länge (waagerecht) beträgt 12 cm (oder weniger, je nach Größe des T-Shirts).

7. Das Schnittteil mit 2 cm Zugabe für den Saum zuschneiden. Die beiden unteren Ecken sind rechtwinklig.

8. Das zugeschnittene Teil auseinanderfalten, an den beiden kurzen Seiten um 2 cm nach innen umschlagen und feststecken (von außen, wenn ihr eine Zwillingsnadel habt). Den Saum mit der Zwillingsnadel von außen, mit der einfachen Nadel von innen festnähen.

9. Das Schnittteil für den Schritt links auf links falten und mit dem Saum nach unten auf das Rückenteil der Hose legen (5 mm überlappend). Das Kurvenlineal darauflegen wie in Schritt 6.

10. Am Hauptteil der Hose beide Stofflagen entlang des Lineals durchschneiden und den Stoffbruch der unteren Partie aufschneiden.

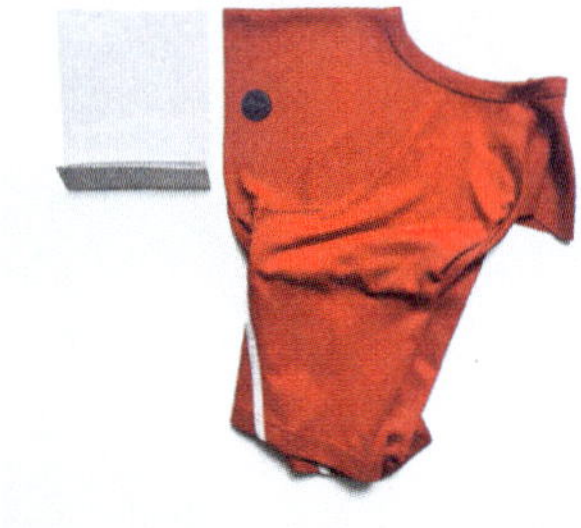

11. Das obere Vorderteil des T-Shirts Naht auf Naht falten; die Ärmel zeigen nach unten. Ein DIN-A4-Blatt auf ein Viertel falten (oder auf die gewünschte Größe eurer Tasche).

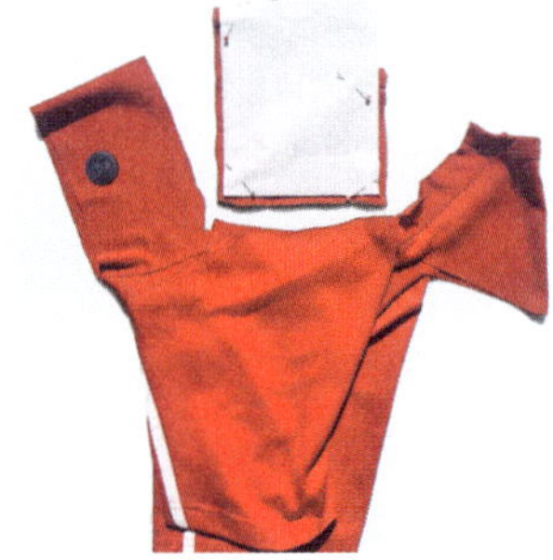

12. Das Papier-Rechteck auf beide Stofflagen des oberen Vorderteils stecken und 5 mm außerhalb des Papiers ringsum ausschneiden.

13. Die Außenkanten der Taschen 5 mm breit nach innen umbügeln (außer am Halsbündchen, falls dieses ein Teil eurer Taschen ist. Ansonsten alle Kanten umbügeln).

14. Die Taschen auf das Vorderteil der Shorts stecken. Die kurze Seite sitzt an der Seitennaht, die lange zeigt zur vorderen Schrittkante.

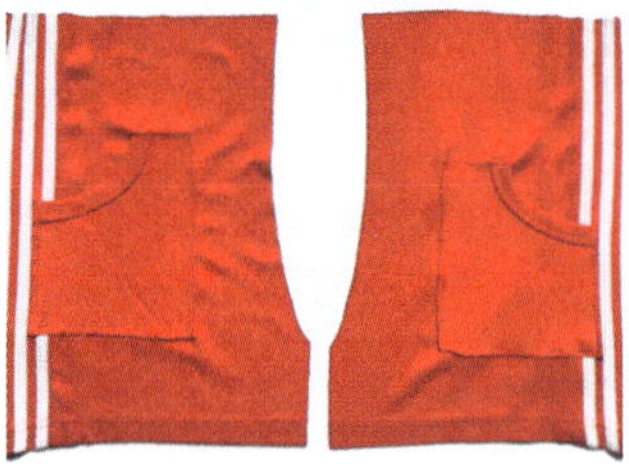

15. Beide Taschen symmetrisch von rechts annähen (mit der Zwillingsnadel oder der einfachen Nadel).

16. An den Shorts die obere Partie der hinteren Schrittnaht (= die lange Kante) rechts auf rechts abstecken. Die Schrittnaht mit der einfachen Nadel im Geradstich zunähen und auf einer Seite absteppen.

17. Das Schrittteil an der langen Kante rechts auf rechts an die untere (kurze) Partie der hinteren Schrittnaht stecken. Im Geradstich annähen und auf einer Seite absteppen.

18. Die obere Partie der vorderen Schrittnaht rechts auf rechts abstecken. Im Geradstich zusammennähen und auf einer Seite absteppen.

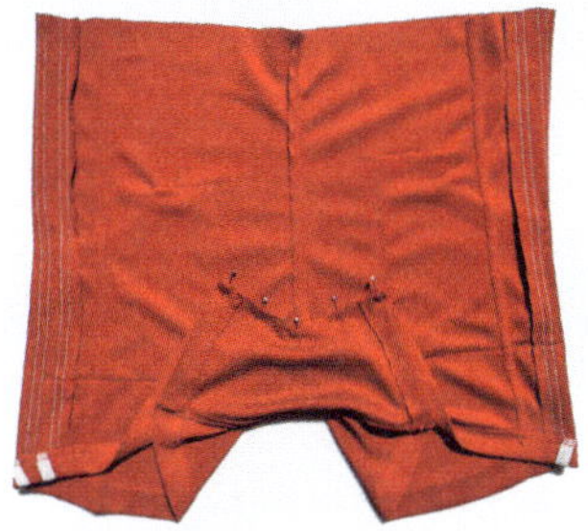

19. Die andere lange Kante des Schrittteils rechts auf rechts an die untere (kurze) Partie der vorderen Schrittnaht stecken. Im Geradstich annähen und auf einer Seite absteppen. Damit ist die Schrittpartie der Shorts fertig.

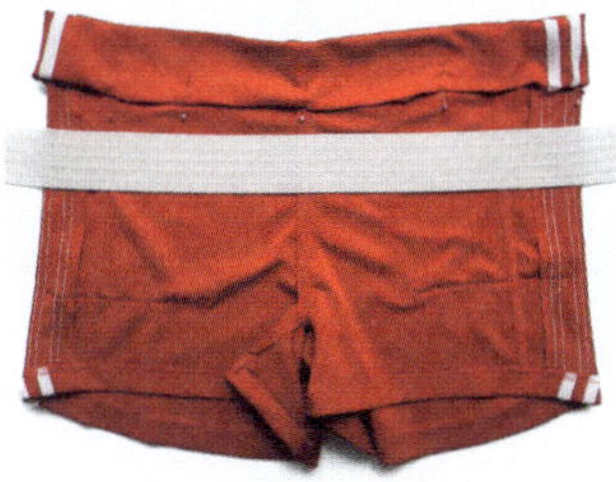

20. Für den Taillenbund einen Saum von der Breite eures Gummibands (plus Nahtzugabe) umschlagen und rings um die Taille annähen; dabei zum Einziehen des Gummibands eine Lücke von 4 cm offenlassen.

21. Mithilfe einer Sicherheitsnadel das Gummiband in den Bund einziehen. Den Stoff ringsum gleichmäßig um das Gummiband verteilen. Die Enden des Gummibands übereinanderlegen und im Zickzackstich zusammennähen (mehrmals hin und her nähen).

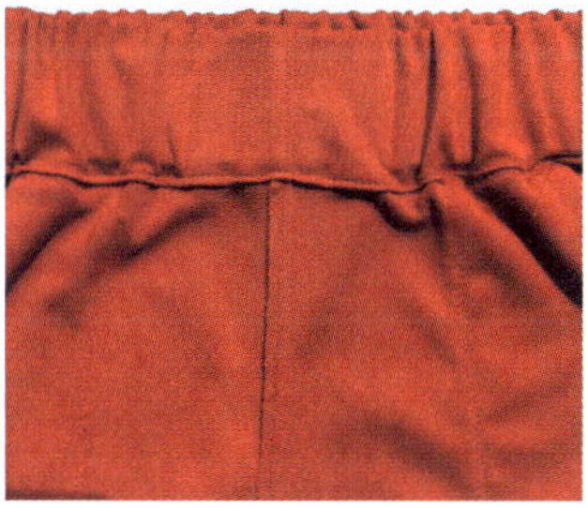

22. Die Lücke zum Einziehen des Gummis schließen. An den Seiten zwei senkrechte Nähte auf dem Saum anbringen, damit das Gummi nicht verrutscht.

23. Damit der Stoff gleichmäßig um das Gummi verteilt bleibt, im Geradstich mit großer Stichlänge rings um die Taille zwei parallele Nähte anbringen, dabei das Gummiband unter der Maschine gedehnt halten.

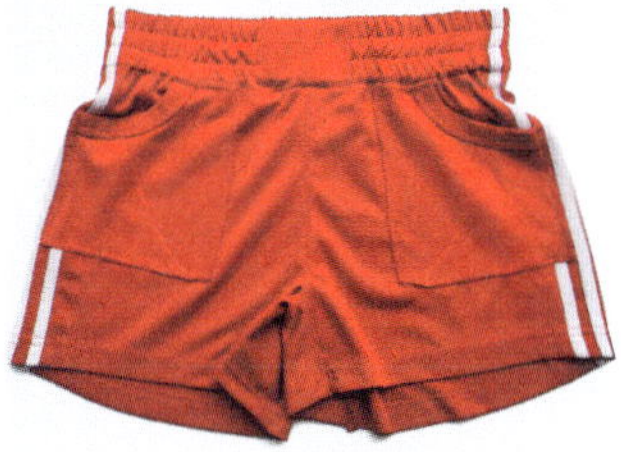

24. Fertig ist Usain Bolts neue Sporthose!

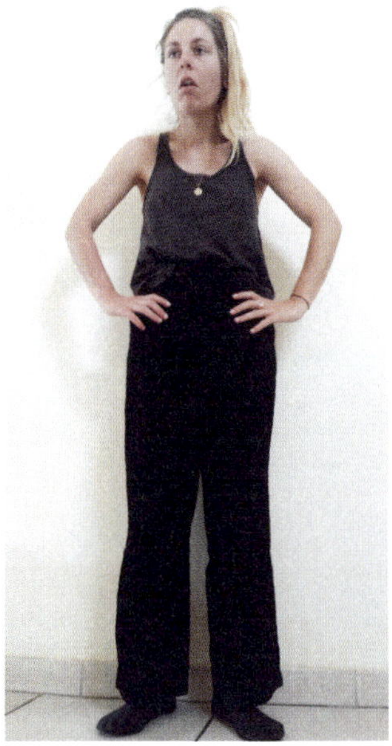

KURZER JUMPSUIT

Kleidungsstück

Weite Hose mit hoher Taille oder Herrenhose

(Die Hose sollte in der Taille hoch genug sein und an den Oberschenkeln keinesfalls eng sitzen.)

Material

- Nahttrenner
- Schere
- Stecknadeln
- Nähmaschine
- Farblich passendes Nähgarn
- Schneiderkreide
- Bügeleisen
- Knopf (Durchmesser 12 mm)
- Nähnadel
- Sicherheitsnadel
- Maßband

Tipp

Um einen Knopf anzunähen, den Faden zuerst doppelt legen, dann bis zur Hälfte einfädeln und am Ende in alle vier Fäden zusammen einen Knoten machen. So näht ihr mit vier Fäden gleichzeitig und das Knopfannähen geht viermal so schnell wie mit einem einzelnen Faden.

1. Die Hose auf links gewendet anziehen und mit Kreide die gewünschte Länge eurer Shorts einzeichnen.

2. Immer noch auf links die Hosenbeine 2 cm unterhalb eurer Linie durchschneiden (die 2 cm sind die Saumzugabe).

3. Den Saum zweimal 1 cm breit auf die Innenseite der Hose umbügeln, damit er sich leichter nähen lässt.

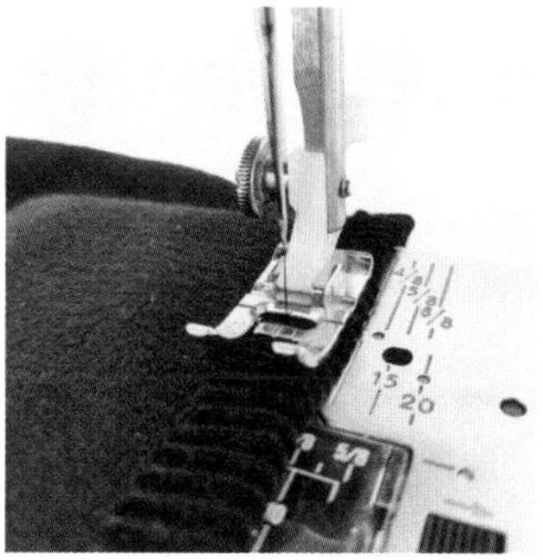

4. Den Saum im Geradstich 9 mm vom Rand entfernt (also möglichst dicht an der Oberkante des Saums) rings um das Hosenbein festnähen. Den zweiten Saum genauso nähen.

5. Für das »Brustteil« eines der abgeschnittenen Hosenbeine entlang einer der beiden Seitennähte aufschneiden.

6. Das Hosenbein an der verbleibenden Naht falten und die Kanten gleich zuschneiden. Die verbleibende Naht befindet sich nun genau in der Mitte.

7. Die Shorts anziehen und den Abstand von der Oberkante der Shorts zur gewünschten Höhe oberhalb eurer Brust abmessen (großzügig messen). Dieses Maß auf dem Hosenbein einzeichnen, gemessen ab dem unteren Saum.

8. Das Hosenbein an dieser Linie waagerecht durchschneiden und die untere Partie mit der linken Stoffseite nach oben auseinanderfalten.

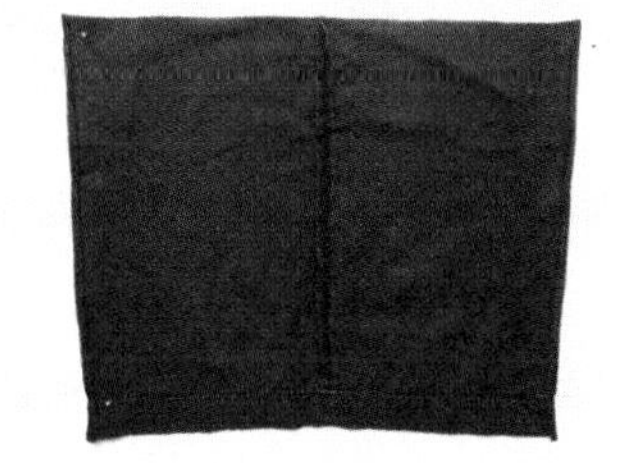

9. Beide Seitenkanten zweimal 5 mm breit nach innen umfalten, die Umschläge mit dem Bügeleisen fixieren und falls nötig abstecken.

Röcke, Kleider & Hosen

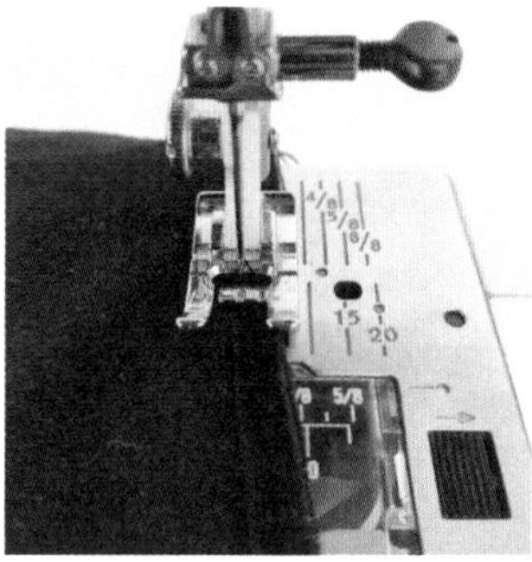

10. 4 mm vom Rand entfernt (möglichst dicht an der inneren Oberkante des Saums) festnähen.

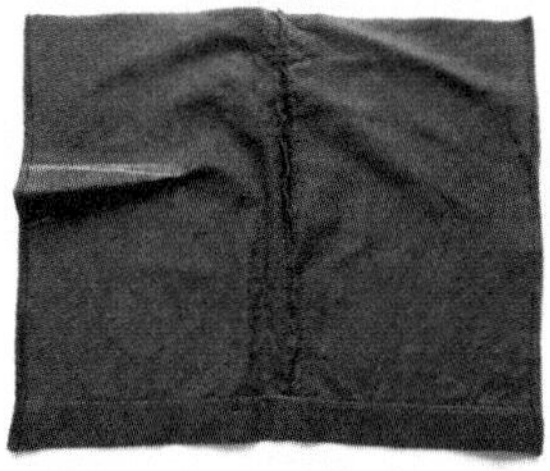

11. Dieses Teil an euren Oberkörper halten und einen Abnäher falten, sodass der Stoff sich um eure Brust legt. Die Abnäherspitze muss knapp vor eurer Brustwarze enden. Den Abnäher mit Schneiderkreide einzeichnen.

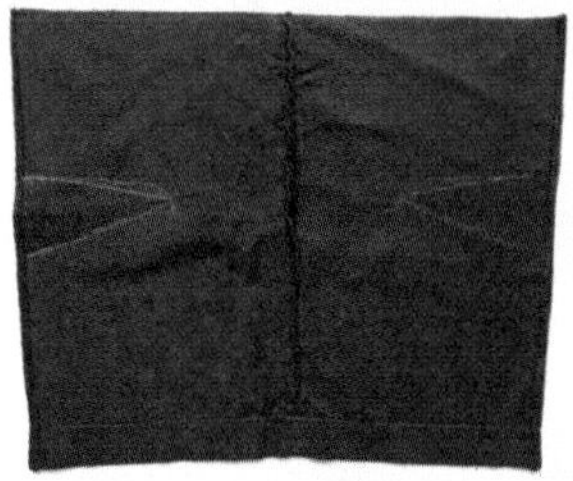

12. Das Teil längs falten (an der Naht), um den Abnäher gegengleich auf die andere Seite zu übertragen.

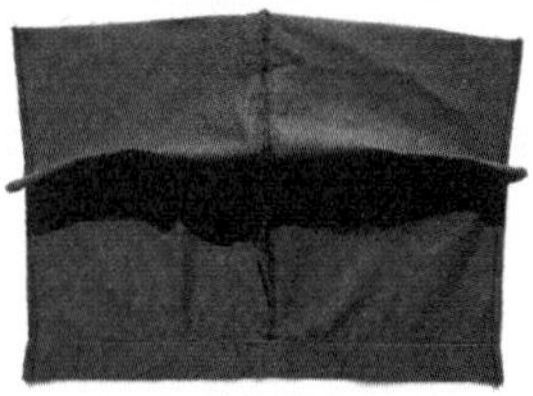

13. Beide Abnäher entlang der eingezeichneten Linie von der breiten Seite zur Spitze hin nähen.

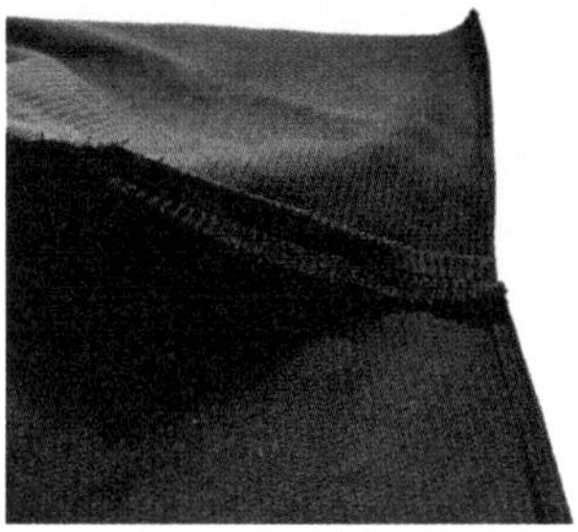

14. Überschüssigen Stoff abschneiden und die Nahtzugaben des Abnähers auseinanderbügeln.

15. Aus einem Stoffrest ein 2 x 10 cm großes Rechteck zuschneiden, längs auf drei Lagen falten und auf der gesamten Länge im breiten und dichten Zickzackstich darübernähen. Dies wird die Schlaufe für den Knopf.

16. Die Schlaufe unten an einer Seite des »Brustteils« feststecken und kontrollieren, ob der Knopf gut durchpasst.

17. Damit die Schlaufe gut hält und sich nicht verdreht, im Abstand von 5 mm zwei Nähte darauf anbringen und bei jeder Naht mehrmals hin und her nähen.

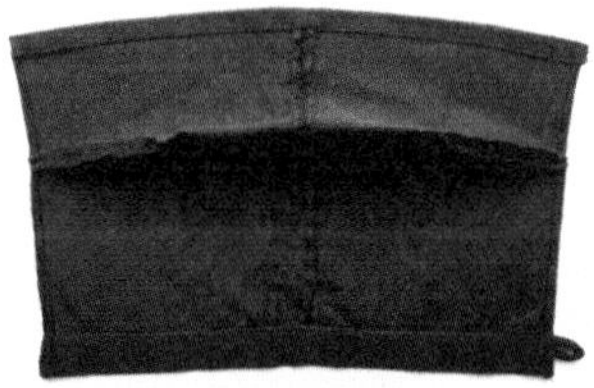

18. Das »Brustteil« erneut anprobieren und an der Oberkante in der gewünschten Höhe einen Saum nähen. Hier habe ich dafür den Stoff zweimal 1,5 mm breit umgeschlagen.

19. Das Brustteil wieder anprobieren und den Stoff schräg so umfalten, wie ihr ihn an den Schultern haben möchtet. Denkt an die Bewegungsfreiheit eurer Arme. Von oben eine Linie bis zur Außenseite des Abnähers einzeichnen.

20. Diese Linie symmetrisch auf die andere Seite übertragen. Den Stoff 2 cm oberhalb der Linie abschneiden.

21. An diesen Kanten einen Saum nähen (auf dieselbe Weise wie an den anderen Kanten).

22. Das Brustteil so oben auf die Shorts legen, dass die Mittelnaht genau am Hosenschlitz liegt.

23. Beide Teile zusammen umdrehen und die Seite ohne Schlaufe mit etwas Spielraum an die Shorts stecken.

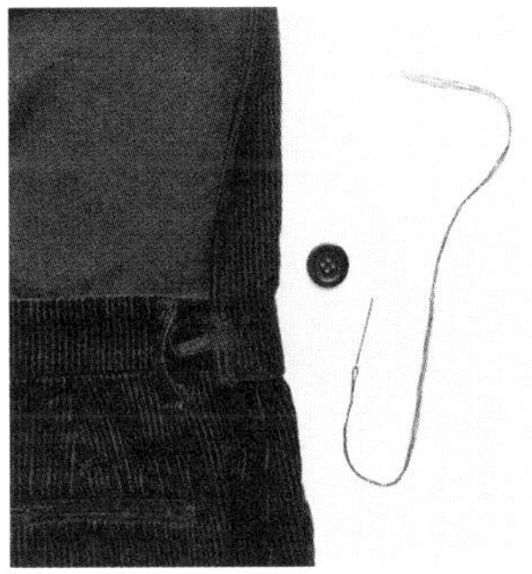

24. Auf der anderen Seite den Knopf an die Shorts nähen, dabei auf die Symmetrie zur Gegenseite achten. Falls eine Gürtelschlaufe im Weg ist, den Knopf darunter anbringen.

25. Den fast fertigen Jumpsuit zuknöpfen. Anprobieren und kontrollieren, ob ihr an der Vorderseite genug Spielraum gelassen habt.

26. Jetzt folgen die Träger. Dafür das zweite Hosenbein aufschneiden und auseinanderfalten.

27. Über die gesamte Länge zwei 12 cm breite Teile daraus zuschneiden. Dabei den Fadenlauf des Stoffs beachten. Die Säume auftrennen, damit ihr mehr Stoff habt.

28. Jedes Teil rechts auf rechts längs falten und mit 1 cm Nahtzugabe zusammennähen.

29. Mithilfe einer großen Sicherheitsnadel die Träger auf rechts wenden und so bügeln, dass die Naht genau an der Seite liegt.

30. An beiden Längskanten 2 mm vom Rand entfernt im Geradstich eine Steppnaht anbringen.

31. Die Träger in Fortsetzung der Schräge eures Brustteils feststecken.

32. Damit die Träger gut halten, zum Befestigen der Enden jeweils ein Rechteck nähen.

33. Am Rückenteil etwa 6 cm innerhalb der Seitenkanten (oder nach eventuell vorhandenen Gürtelschlaufen) den Bund der Shorts beidseits auf etwa 5 cm Länge auftrennen.

34. Die Träger in den Bund schieben, feststecken und den Jumpsuit anprobieren, um die Länge der Träger anzupassen.

35. Den Bund mit den innenliegenden Trägern wieder zunähen. Dabei mehrmals hin und her nähen.

36. Tadaa! Das waren echt viele Arbeitsschritte, aber es hat sich gelohnt!

Kleidungsstück
Herrenhemd oder weite Bluse mit langen Ärmeln

Material
- Nahttrenner
- Schere
- Stecknadeln
- Nähmaschine
- Farblich passendes Nähgarn
- Schneiderkreide
- Kurvenlineal oder Schneiderkurve
- Bügeleisen
- Sicherheitsnadel

Tipps
Unser Hemd hat nur eine halbe Knopfleiste an der oberen Partie. Wenn euer Hemd durchgeknöpft ist, kein Problem. Tut einfach so, als wären das rechte und linke Vorderteil ein einziges Teil.
Beim Anbringen der Kräuselfalten vorsichtig an den Fäden ziehen, damit sie nicht reißen. Falls dies doch passiert, eine weitere Naht dicht neben der vorigen anbringen, um die Stelle zu »flicken«.

KURZES SOMMER-KLEID MIT VOLANT

1. Das Hemd auf rechts gewendet vor euch hinlegen. Eventuell vorhandene Taschen abtrennen.

2. Die Ärmel heraustrennen.

3. Mithilfe von Kurvenlineal und Schneiderkreide beidseits eine Kurve einzeichnen, die vom Armausschnitt (3 cm unterhalb der Schulternaht) bis 11 cm unterhalb der Oberkante der Knopfleiste reicht.

4. Beide Stofflagen des Hemds entlang dieser Kurve durchschneiden und die obere Partie (Kragen/Schultern) beiseitelegen.

5. Die ersten 5 cm der Knopfleiste mit dem Nahttrenner oder der Schere auftrennen (je nach Art der Naht), dann die oberen 4 cm abschneiden.

6. Die seitlichen Ecken diagonal abschneiden und die Kanten für einen Saum zweimal 5 mm breit umschlagen.

7. Die Säume 4 mm vom Rand entfernt festnähen. Dann die Knopfleiste 5 mm breit nach innen umschlagen und ebenfalls 4 mm vom Rand entfernt festnähen.

8. Auf links das Rückenteil in der Mitte falten, sodass die Armausschnitt- und Seitennähte genau aufeinanderliegen. Die oberen Spitzen in Fortsetzung der unteren Armausschnittkurve abschneiden.

9. Die Kanten zweimal 5 mm breit auf die Innenseite der Armausschnitte umschlagen, die Ecke der Vorderteile umknicken, dann im Geradstich 4 mm vom Rand entfernt festnähen.

Röcke, Kleider & Hosen

10. Die Oberkanten von Vorder- und Rückenteil zuerst 5 mm, dann 3 cm breit nach innen umbügeln.

11. Eine erste Naht knapp an der inneren Oberkante des Saums anbringen, dann eine zweite Naht im Abstand von 1 cm zur ersten Naht nähen.

12. Aus der beiseitegelegten oberen Rückenpartie des Hemds so viele 2 cm breite Streifen zuschneiden, dass sie zusammengenäht einen 2 m langen Streifen ergeben.

13. Die Streifen an den Schmalkanten rechts auf rechts mit 1 cm Nahtzugabe zusammennähen und die Nahtzugaben auseinanderbügeln. Die beiden Enden des 2 m langen Streifens 1 cm breit nach innen umschlagen.

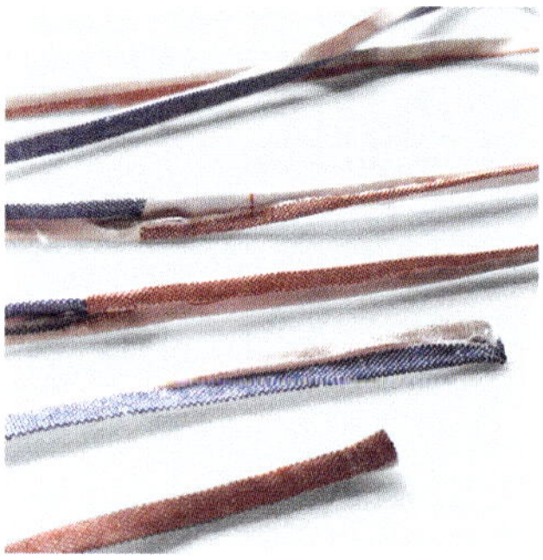

14. Den Streifen dreimal umbügeln: zuerst beide Längskanten 5 mm breit nach innen umbügeln, dann den Streifen längs in der Mitte falten und bügeln.

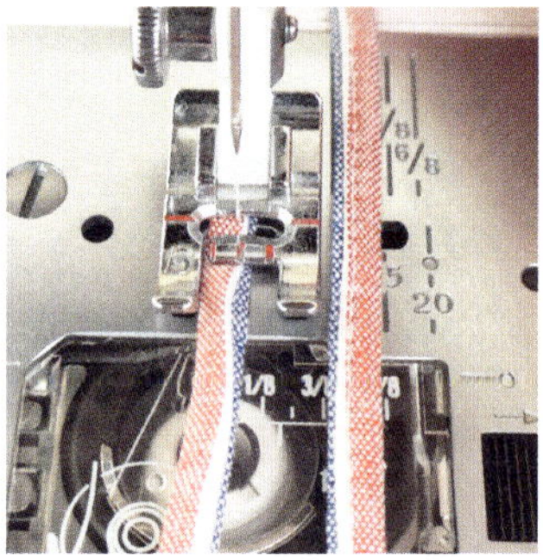

15. Den Streifen im Geradstich knapp entlang der offenen Längskante zunähen. Nun habt ihr ein langes, schmales Bindeband.

16. Das Bindeband in die in Schritt 11 genähten Säume einziehen.

17. Den unteren Saum auftrennen und die Unterkante des Hemds ringsum im Zickzackstich versäubern. Falls das Hemd durchgeknöpft ist, einfach über die Öffnung hinweg nähen, sodass sie geschlossen wird.

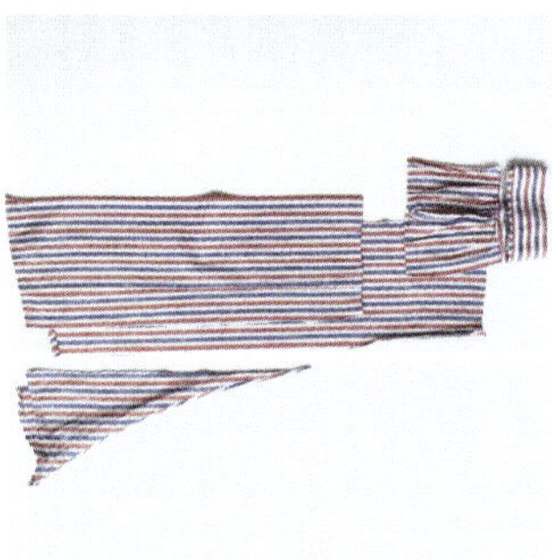

18. Aus den oberen Ärmelpartien je zwei Rechtecke zuschneiden (also insgesamt 4). Zwei der Rechtecke sind kürzer, da sie vor dem Schlitz der Manschette enden.

19. Die Rechtecke rechts auf rechts an den Schmalkanten zusammennähen, sodass ein großer Schlauch entsteht. Die Nähte mit 1 cm Nahtzugabe nähen und die Nahtzugaben auseinanderbügeln.

20. An einer Längskante des Schlauchs einen Saum mit zwei 5 mm breiten Umschlägen nähen. Dies wird die Unterkante.

21. Die andere Längskante 2 cm breit nach innen umschlagen. Im Geradstich mit sehr großer Stichlänge und ohne Rückstiche zwei Nähte für die Kräuselfalten anbringen, eine 1 cm vom Rand entfernt, die zweite bei 1,5 cm.

22. Auf beiden Seiten an den inneren Fäden dieser Nähte ziehen und den Stoff so weit einkräuseln, dass er genauso breit ist wie die Unterkante des Hemds. Die Kräuselfalten gleichmäßig verteilen.

23. Den eingekräuselten Volant links auf rechts an die Unterkante des Kleids stecken und ringsum genau zwischen den beiden Kräuselnähten festnähen. Dazu wieder eine kleinere Stichlänge des Geradstichs einstellen. Kräuselfäden herausziehen.

24. An der Oberkante des Kleids das Bindeband zur Schleife binden und den Stoff entlang des Bindebands in Falten zusammenschieben. So wenig Aufwand für ein so schönes Kleid!

Kleidungsstück
Zu langes Kleid

Material
- Nahttrenner
- Schere
- Stecknadeln
- Nähmaschine
- Farblich passendes Nähgarn
- Schneiderkreide
- Sicherheitsnadel
- Bügeleisen

MINIKLEID MIT RAFFUNGEN

1. Das Kleid anziehen und festlegen, um wie viele Zentimeter ihr es kürzen wollt. Für diese Kreation müssen es mindestens 18 cm sein, da ein Saum und Träger angefertigt werden müssen.

2. Das Kleid entlang eurer Markierung waagerecht durchschneiden.

3. Das Kleid auf links wenden und unten einen Saum von zweimal 1 cm oder weniger abstecken. Zur Erleichterung die Umschläge mit dem Bügeleisen fixieren.

4. Den Saum knapp an der Kante im Geradstich festnähen.

5. Falls das Kleid unter der Achsel einen Verschluss hat, diesen abtrennen. Falls nicht, diesen Schritt überspringen.

6. Den Saum oder die Einfassung des Kleids im Bereich der Achseln auf-/abtrennen.

7. Die Seitennähte auftrennen. Falls euer Kleid Brustabnäher hat, diese ebenfalls auftrennen und glattbügeln.

8. Die obere Partie des Kleids unterhalb der Achseln waagerecht abschneiden. Den überstehenden Stoff der aufgetrennten Abnäher abschneiden.

9. Die Seitennähte des Kleids wieder schließen. Falls das Kleid einen Reißverschluss hatte, diesen wieder einnähen (mit der gleichen Technik, mit der er vorher genäht war).

10. An der abgeschnittenen unteren Partie des Kleids eine der Seitennähte senkrecht abschneiden.

11. Das Teil auseinanderfalten und so hinlegen, dass der Saum die Oberkante bildet. Hier habe ich noch die Wellenkante meines Kleids begradigt, um eine glatte Kante zu erhalten.

12. Die Oberkante auf der ganzen Länge 1 cm breit auf die Innenseite umschlagen.

13. 8 mm vom Stoffbruch entfernt festnähen, sodass ein Tunnel entsteht.

14. An der gegenüberliegenden Längskante die Kräuselung vorbereiten. Im Geradstich mit großer Stichlänge und ohne Rückstiche zwei Nähte anbringen, die erste 1 cm vom Rand entfernt, die zweite bei 1,5 cm.

15. Mithilfe der Kräuselfäden den Stoff so weit einkräuseln, dass er genauso breit ist wie das Vorderteil des Kleids.

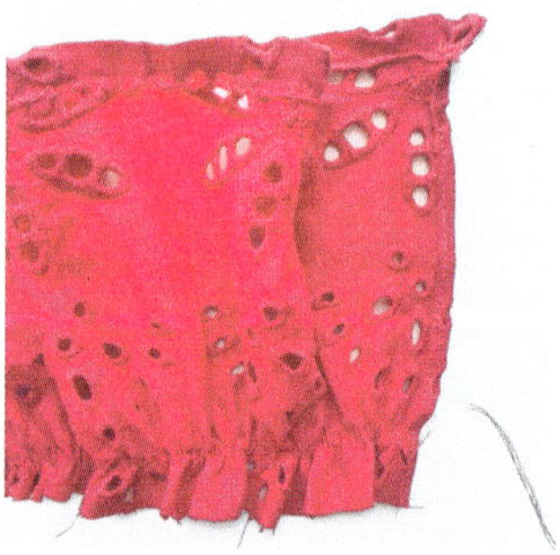

16. Die seitlichen Kanten umsäumen: 5 mm nach innen umschlagen und festnähen. Dabei nicht die Öffnungen des oberen Tunnels verschließen, sondern die Saumnähte vorher beenden.

17. Die gekräuselte Partie rechts auf rechts an das Vorderteil des Kleids stecken und im Geradstich zwischen den beiden Kräuselnähten annähen. Danach können die Kräuselfäden herausgezogen werden.

18. Das Kleid auf rechts wenden und an der Oberkante des Rückenteils einen Saum von zweimal 5 mm nähen.

19. Aus den Stoffresten der oberen Partie des Kleids einen 2 cm hohen und 70 cm langen Streifen anfertigen (falls nötig, dafür mehrere Stücke schneiden).

20. Die kurzen Stücke an den Schmalkanten rechts auf rechts im Geradstich zu einem langen Streifen zusammennähen.

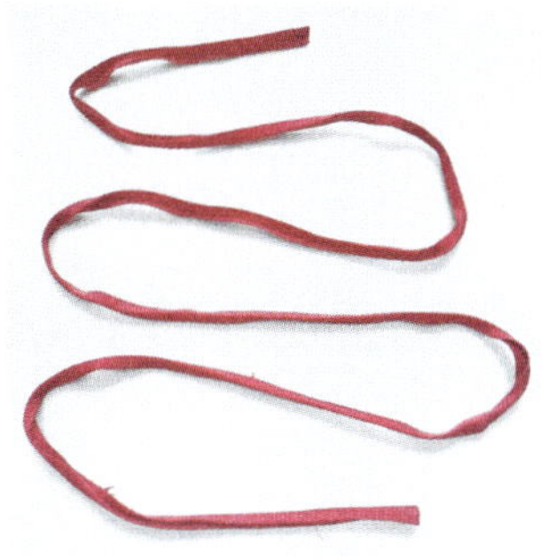

21. Den Streifen dreimal umbügeln: zuerst beide Längskanten 5 mm breit nach innen umbügeln, dann den Streifen längs in der Mitte falten und bügeln.

22. Den Streifen im Geradstich knapp entlang der offenen Kante zunähen.

23. Den Träger mithilfe einer Sicherheitsnadel in den Tunnel oben am Vorderteil einziehen.

24. Das Kleid anprobieren, um die benötigte Länge des Trägers abzumessen. Das Kleid wieder ausziehen, das Rückenteil in der Mitte längs falten und die Träger symmetrisch an der gewünschten Stelle feststecken.

25. Die Träger in sehr dichtem Zickzackstich annähen. Die Nähfäden ganz knapp abschneiden.

26. Die Rückseite des Kleids mit den geschwungenen Trägern.

27. Und die Vorderseite!

REGULAR JEANS

Kleidungsstück
Zwei zu kleine Jeans
(Diese Technik funktioniert auch mit zwei zu kleinen Shorts; eine der beiden Hosen kann zwischen den Beinen abgetragen oder zerrissen sein.)

Material
- Nahttrenner
- Schere
- Stecknadeln
- Nähmaschine
- Farblich passendes Nähgarn
- Schneiderkreide
- Zange, falls die Jeans Nieten hat (optional)

Tipp
Wenn die Stofflagen zu dick sind (was bei Jeans oft vorkommt), kann die Nadel der Nähmaschine brechen. Um dies zu vermeiden, eine dicke Nadel verwenden (90/14) und vor allem die Nähmaschine manuell mit dem Handrad bedienen, wenn ihr sehr dicke Säume näht.

1. Kontrolliert, ob die Jeans etwa die gleiche Länge und Taillenweite haben. Ein bisschen kann man immer schummeln ... aber nicht zu viel.

2. Die zerschlissenere Jeans für die Verbreiterung der Seiten auswählen.

3. Beide Stofflagen der Jeans in dem Bereich, in dem der Eingriff der vorderen Taschen nach oben verläuft, längs durchschneiden.

4. Die Taschenpartien (vorn und hinten) auftrennen und die Reste der aufgesetzten Gesäßtaschen und der vorderen Taschenböden entfernen.

5. An der anderen Jeans die Seitenstrecke aufschneiden (außerhalb der Nähte, um nicht in die Taschen zu schneiden).

6. Die Taschenbeutel der Jeans abtrennen. Dafür die Seitennaht und die untere Partie der Taschenbeutel bis zur Mitte der Oberkante der Taschenbeutel komplett auftrennen.

7. Die vorderen Hosenbeine 4 cm innerhalb der Seitennähte längs durchschneiden; auch hier nicht in die Taschenbeutel schneiden.

8. An den hinteren Hosenbeinen einen geraden, etwa 3 cm breiten Streifen von der Taille bis zum Knöchel abschneiden. Auch die Gesäßtaschen abtrennen.

9. Die Hauptjeans auf rechts wenden und die abgeschnittenen Seiten der zweiten Jeans rechts auf rechts auf die Hauptjeans legen. Zuerst die Unterkanten auf eine Höhe bringen, dann am Bein entlang bis zur Unterkante der Tasche nähen.

Röcke, Kleider & Hosen

10. Eventuell überstehenden Stoff nach innen umschlagen und die übrige Tasche entlang der Nähte der Hauptjeans annähen.

11. Den Bund aller Jeansteile auf etwa 5 cm auftrennen, um das Zusammennähen zu erleichtern.

12. Zum Abstecken der Seiten den Bund nach außen umschlagen. Die gesamte Kante liegt rechts auf rechts.

13. Nach dem Schließen der Seitennähte die Jeans auf rechts wenden, dann den Bund wieder annähen (siehe Tipp S. 76).

14. Eure zukünftige Jeans anprobieren und mit Schneiderkreide die ideale Größe am Bund markieren. Toi, toi, toi, das ist der kniffligste Moment!

15. Die Jeans wieder auf links wenden und die Seiten abstecken; dabei eure Markierungen an der Taille berücksichtigen. Am Bund auf die gleiche Weise vorgehen wie an der Vorderseite der Hose.

16. Die Säume des Bunds wieder so umschlagen, wie sie ursprünglich waren.

17. Die Jeans auf rechts wenden und den Bund entlang der ursprünglichen Naht annähen und so die Säume befestigen. Falls nötig, die Gürtelschlaufen abtrennen.

18. Die Jeans erneut anprobieren und die Taschen wieder annähen oder auch nicht, wie es euch gefällt.

19. Die Taschen genau auf ihren ursprünglichen Nähten wieder annähen. An den Enden am besten mehrmals hin und her nähen (siehe Tipp S. 76).

20. Überstehende Fäden abschneiden – alle Fadenenden müssen verschwinden.

21. Fertig zum Anziehen und Bewundern!

Kleidungsstück
Zu lange Hose

Material
- Nahttrenner
- Schere
- Stecknadeln
- Nähmaschine
- Farblich passendes Nähgarn
- Schneiderkreide
- Bügeleisen

Tipps
Die Schritte 15 bis 18 sind optional; dadurch erhält die Hose eine schmalere Passform.
Falls der Stoff der verwendeten Hose sehr dick ist, für die Nähmaschine eine Nadel der Stärke 90 oder 100 auswählen.

HOSE MIT VERSTÄRKTEN KNIEN

1. Ihr könnt jede beliebige zu lange Hose verwenden. Falls die Hose an den Knien schon Löcher hat, schlagt ihr zwei Fliegen mit einer Klappe.

2. An beiden Beinen 4 cm unterhalb der Ideallänge eurer Hose eine waagerechte Linie ziehen.

3. Entlang der Linien durchschneiden.

4. Die Seitennähte der abgeschnittenen Stücke auftrennen.

5. Die Teile rechts auf rechts legen und die Längskanten gegenüber dem Saum abstecken.

6. Im Geradstich mit 1 cm Nahtzugabe zusammennähen.

7. Die Teile auseinanderfalten und die Nahtzugaben auseinanderbügeln.

8. Die Naht von rechts auf beiden Seiten absteppen.

9. Die Seitenkanten zuschneiden, sodass sie gerade sind und zwei gleich große Teile entstehen.

Röcke, Kleider & Hosen

10. Die Hose anziehen und oberhalb eurer Knie jeweils eine Markierung anbringen (nach dem Annähen müssen die Verstärkungen in Höhe der Knie sitzen).

11. Die Seitennähte der Hose von unten bis 3 cm oberhalb der Markierungen der Knie auftrennen.

12. Die Verstärkungen waagerecht von rechts auf die Hose stecken. Die Oberkante soll in Höhe der Markierungen der Knie sitzen.

13. Die Verstärkungen im Geradstich entlang der oberen und unteren Saumnaht annähen. Die Seiten werden später genäht.

14. Nach dem Annähen beider Verstärkungen die Hose für den nächsten Schritt auf links wenden.

15. Die Hose mit der Rückseite nach oben legen. Die Außenkante des hinteren Beins an die Außenkante des vorderen Beins stecken, dabei das hintere Bein verschieben, sodass es am unteren Saum des vorderen Beins um 4 cm nach innen versetzt endet.

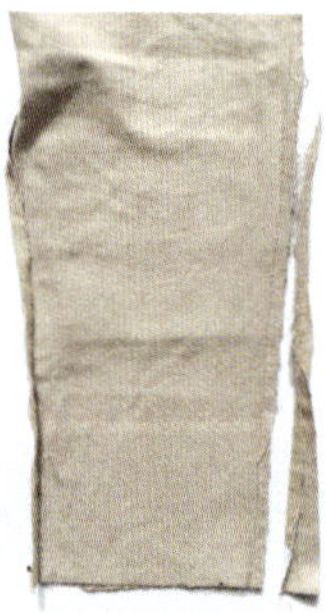

16. Im Geradstich entlang der Stecknadeln zusammennähen, dann den überstehenden Stoff des vorderen Beins 1 cm neben der Naht abschneiden.

17. Die Innenkante des hinteren Beins abstecken. Die unterste Nadel sitzt 4 cm innerhalb der Außenkante des vorderen Beins, die anderen Nadeln nähern sich allmählich der Seitennaht in Höhe der Wade an.

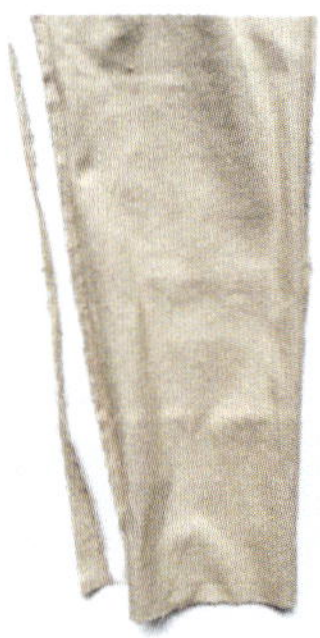

18. Im Geradstich entlang der Stecknadeln zusammennähen, dann den überstehenden Stoff des vorderen Beins 1 cm neben der Naht abschneiden.

19. Die Nahtzugaben der äußeren und inneren Seitennähte im Zickzackstich versäubern.

20. Immer noch auf links den unteren Saum zuerst 1 cm breit umbügeln.

21. Einen zweiten Umschlag umbügeln, diesmal 3 cm breit. Die Hose anprobieren, um die Länge zu kontrollieren. Bei Bedarf anpassen. Den Saum gut einbügeln.

22. Immer noch auf links den unteren Saum der Hose im Geradstich möglichst dicht am oberen Umbruch festnähen.

23. Den Saum des anderen Hosenbeins ebenso nähen.

24. Abrakadabra – weg sind die Knielöcher!

PULLOVER
&
JACKEN

Kleidungsstück
Ein zu großer Pullover, am besten mit halsnahem Ausschnitt
(Diese Technik funktioniert auch mit einem großen Hemd.)

Material
- Nahttrenner
- Schere
- Stecknadeln
- Nähmaschine
- Farblich passendes Nähgarn
- Schneiderkreide
- Maßband

PULLOVER MIT BAUSCHIGEN ÄRMELN

1. Kontrolliert, ob der Pulli unter den Armen weit genug ist, um etwas abzuschneiden, ohne dass er an der Brust zu eng wird. Den Pulli auf links wenden.

2. Die Ärmel heraustrennen. Nehmt euch dafür Zeit; es darf nicht zu viel Stoff verlorengehen.

3. Nach dem Heraustrennen die Ärmel beiseitelegen.

4. Eine Markierung 8 cm nach innen, unterhalb der Achseln anbringen, eine weitere an der Unterkante, 2 cm innerhalb der Seitennaht. Die beiden Punkte durch eine Linie verbinden. Der Pullover muss ein U bilden, kein A. Beide Stofflagen aneinanderstecken.

5. Im Geradstich mit großer Stichlänge entlang der Linien zusammennähen. Überschüssigen Stoff 5 mm neben der Naht abschneiden und die Nahtzugaben im Zickzackstich versäubern.

6. Die abgeschnittene Partie abmessen und das Ergebnis durch zwei teilen – damit habt ihr die Anzahl der Falten, die ihr an eurem Pulli anbringen könnt. Hier 8 cm: 2 = 4 Falten pro Schulter.

7. Die immer noch auf links gewendeten beiseitegelegten Ärmel hinlegen.

8. So drehen, dass die Oberseite der Schulter zu euch zeigt.

9. Beidseits der Mitte der Schulter je zwei Falten von 2 cm Breite abstecken. Die beiden linken Falten werden nach rechts gelegt, die beiden rechten Falten nach links.

Pullover & Jacken

10. Im Geradstich über die Falten nähen, damit sie auch ohne Stecknadeln fixiert sind. Die Schritte 8 bis 10 für den zweiten Ärmel wiederholen.

11. Nach dem Abnähen der Falten an beiden Ärmeln die Mitte der Schulter mit Schneiderkreide markieren.

12. Die Ärmel wenden. So ähnlich sehen eure Ärmel jetzt auf rechts aus.

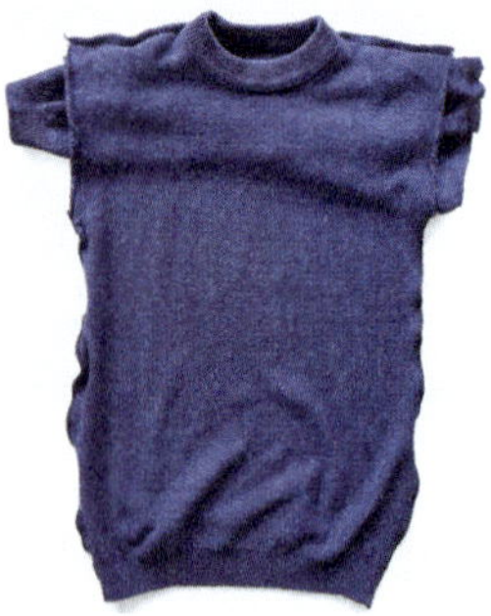

13. Den ersten auf rechts gewendeten Ärmel in den auf links gewendeten Rumpf schieben. Ärmel und Rumpf liegen nun rechts auf rechts.

14. Den Ärmel in den Armausschnitt stecken. Dabei den Kreidestrich am Ärmel (Schulter) genau an die Schulternaht und die Armausschnittkanten genau aufeinanderlegen.

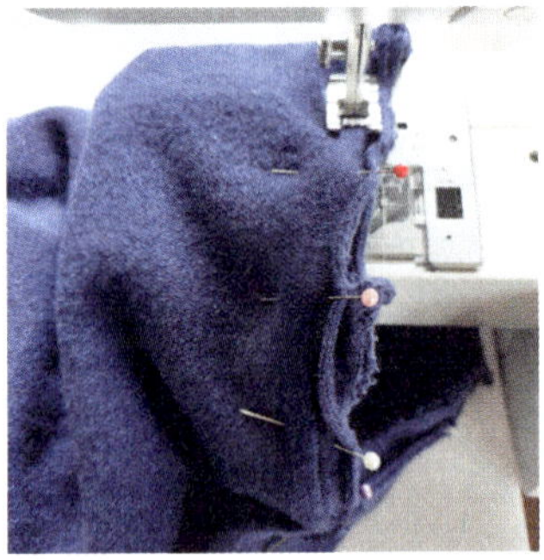

15. Rings um den Armausschnitt mit 1 cm Nahtzugabe im Geradstich zusammennähen. Anschließend im Zickzackstich versäubern, um die Schnittkanten zu sichern.

16. Am zweiten Ärmel genau gleich vorgehen. Diesmal könnt ihr den Ärmel durch den Halsausschnitt nach innen schieben.

17. Vergewissert euch, dass alle Nähte stabil sind und nirgendwo mehr ein Loch ist. Ansonsten einfach noch einmal mit der Maschine darüber nähen! Zum Schluss alle überstehenden Fäden abschneiden ...

18. ... und wenden! Voilà, euer Pullover hat nun tolle Schulterfalten!

Kleidungsstück

Winterkleid oder langes Sweatshirt mit Dreiviertelärmeln oder langen Ärmeln

(Zur Länge: Shirt oder Kleid sollten euch etwa bis zur Mitte der Oberschenkel reichen.)

Material

- Nahttrenner
- Schere
- Klammern (oder Stecknadeln)
- Nähmaschine
- Farblich passendes Nähgarn
- Schneiderkreide
- Kurvenlineal oder Schneiderkurve (optional)

SWEATSHIRT MIT GERAFFTER SCHULTERPARTIE

1. Kontrolliert, ob das Kleid etwas elastisch ist und nicht zu eng anliegt. Das Kleid anziehen und die ideale Länge eures Sweatshirts markieren.

2. Das Kleid 6 cm oberhalb der Markierung waagerecht durchschneiden.

3. Die untere Partie des Kleids so legen, dass die Nähte seitlich liegen, und an beiden Seiten jeweils einen 7 cm breiten Streifen abschneiden (auseinandergefaltet 14 cm breit).

4. An diesen Streifen den Saum der Unterkante des Kleids auftrennen.

5. Die Streifen auseinanderfalten, rechts auf rechts waagerecht aufeinanderlegen und an den Schmalkanten mit Klammern fixieren. Beide Schmalkanten zusammennähen, das Teil auf rechts wenden und nach innen falten, sodass ein schlauchförmiges Bündchen entsteht.

6. Die Öffnung des Bündchens nach unten legen und die Mitte beider Teile (Sweatshirt und Bündchen) markieren.

7. Das auf rechts gewendete Sweatshirt in das Bündchen schieben und die Kanten ringsum mit Klammern fixieren. Die Seitennähte und die Markierungen der Mitten müssen dabei genau aufeinanderliegen.

8. Rings um die Unterkante des Pullovers zusammennähen; dabei das Bündchen gedehnt halten, damit keine Falten entstehen und das Shirt oberhalb des Bündchens locker fällt.

9. Am Halsausschnitt jeweils 7 cm von der Schulternaht entfernt vier Markierungen anbringen (zwei vorn und zwei hinten). Das Halsbündchen beidseits zwischen den Markierungen abtrennen.

Pullover & Jacken

10. Am Vorderteil auf der rechten Schulter mithilfe des Kurvenlineals oder freihändig mit Schneiderkreide eine leicht geschwungene Linie von der vorderen Markierung zum Armausschnitt ziehen.

11. Den Stoff an dieser Linie bis zum Armausschnitt durchschneiden, dann den übrigen Armausschnitt bis zur Achsel auftrennen.

12. Am Rückenteil ebenso vorgehen, jedoch die Linie noch etwas weniger geschwungen zeichnen.

13. An der Linie durchschneiden und den übrigen Armausschnitt auftrennen.

14. Gleiches am zweiten Ärmel wiederholen; dabei darauf achten, dass beide Seiten symmetrisch sind.

15. Die beiden Ärmel genau aufeinanderlegen und 2 cm oberhalb der Achseln waagerecht durchschneiden.

16. Nun werden die gerafften Schultern vorbereitet. Auf den übrigen Stoff der unteren Partie des Kleids (beide Stofflagen zusammen) eine der beiden abgeschnittenen Schultern legen (mit der breiten Seite nach unten auf den unteren Saum) und unten beidseits mit Kreide markieren.

17. Das gleiche Schulterstück auf dem Unterteil des Kleids an die Oberkante schieben und 2 cm rechts und links der schmalen Seite der Schulter eine Markierung einzeichnen, dabei den geschwungenen Verlauf der Kante fortsetzen.

18. Die oberen und unteren Markierungen mithilfe des Kurvenlineals oder freihändig verbinden. Die kürzere Seitenlinie ist nach innen gewölbt, die längere leicht nach außen.

19. Beide Stofflagen an den eingezeichneten Linien ausschneiden. Dann die unteren Säume auftrennen und 1 cm unterhalb des Stoffbruchs abschneiden. Damit sind die Schnittteile für die Ärmel mit gerafften Schultern fertig.

20. Einen der Ärmel mit dem Bündchen nach oben und der Naht zu euch hin rechts auf rechts auf ein Schulterteil (kurze Seite der Schulter oben) legen. Die unteren Ecken des Schulterteils möglichst gleich breit (symmetrisch) um den Ärmel schlagen und mit Klammern fixieren.

21. Das Ganze für den zweiten Ärmel wiederholen. Dann die beiden Schultern im Geradstich an die Ärmel nähen.

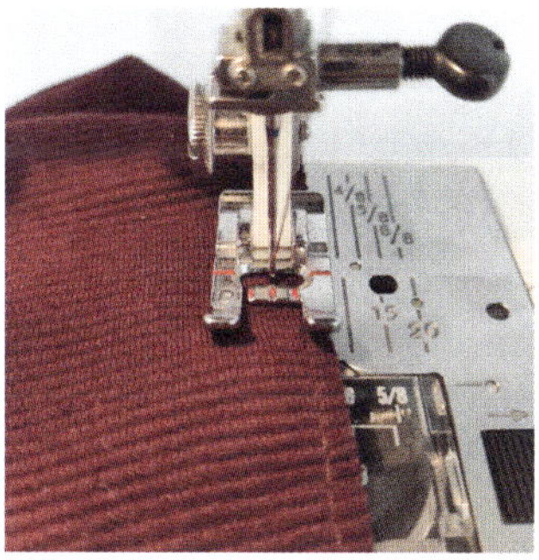

22. Entlang der vier langen Kanten der Schulterstücke im Geradstich mit maximaler Stichlänge jeweils zwei parallele Nähte (Abstand 5 mm) anbringen. Dies sind die Kräuselnähte, also keine Rückstiche nähen.

23. Die Schultern einkräuseln, bis sie so breit sind wie die ursprünglichen Schultern des Kleids. Die Enden der Kräuselfäden verknoten, um die Raffung zu fixieren.

24. Den Pullover auf links wenden, die auf rechts gewendeten Ärmel hineinschieben und an den Schultern (außer am Halsbündchen) mit Klammern fixieren.

25. Beide Ärmel genau zwischen den Kräuselnähten annähen. Dann das Halsbündchen an der ursprünglichen Naht an das Schulterstück nähen.

26. Wenn euer Kleid Dreiviertelärmel hatte, könnt ihr diese mithilfe von Stoffresten und der Technik der Schritte 5–8 verlängern – so habe ich es hier gemacht.

27. Die Kräuselfäden herausziehen – und schon könnt ihr euer neuestes Werk vorführen!

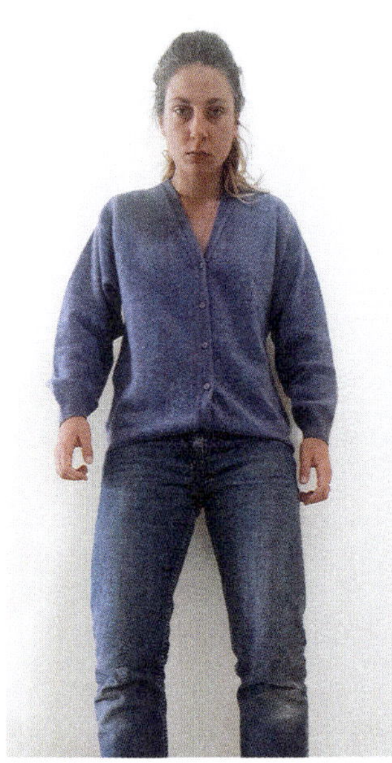

Kleidungsstück
Eine geknöpfte Strickjacke in eurer Größe oder größer

Material
- Nahttrenner
- Schere
- Stecknadeln
- Schneiderkreide
- Nähmaschine
- Farblich passendes Nähgarn
- Blatt Papier
- Filzstift
- Große Tasse

Tipp
Bei diesem Modell alle Nähte im Geradstich und anschließend im Zickzackstich nähen – ein Muss beim Nähen von Strickstoff, damit er nicht ausfranst.

PULLOVER

1. Die Jacke auf rechts gewendet vor euch legen. Einen unten eckigen V-Ausschnitt ausschneiden (Unterkante auf Achselhöhe). Die Form nach Bedarf mit Kreide vorzeichnen.

2. Das gerippte Bündchen am Saum der Jacke abschneiden. Bei den folgenden Schritten die Jacke so wenig wie möglich bewegen, damit sich keine Laufmaschen bilden.

3. Die aus dem Ausschnitt ausgeschnittene Partie horizontal gespiegelt unten auf die Jacke legen. Die Nähte des »Ausschnitts« müssen genau auf der Unterkante der Jacke liegen. Eine große Tasse zur Hälfte auf die Innenseite des Ausschnitts stellen.

4. Die untere geknöpfte Partie der Jacke rings um den Ausschnitt sowie den Halbkreis der Tasse ausschneiden. Dieses Teil wird später der geknöpfte Ausschnitt.

5. Das abgeschnittene gerippte Bündchen auf die untere Partie der Jacke legen.

6. Erneut entlang des Bündchens durchschneiden.

7. Ein Blatt Papier zwischen die beiden Stofflagen der unteren Partie der Jacke legen. Den trapezförmigen Umriss der »Lücke« mit Filzstift nachzeichnen.

8. Die Seitennähte bis zu den Achseln auftrennen, dann das Vorderteil der Jacke von der Spitze in der Mitte bis unter die Achseln waagerecht durchschneiden. Ihr erhaltet zwei trapezförmige Teile.

9. Den zweiten von der Unterkante der Jacke abgeschnittenen Streifen (Schritt 6) so in mehrere Stücke schneiden, dass das auf Papier gezeichnete Trapez ganz abgedeckt wird.

Pullover & Jacken

10. Diese Stücke in der richtigen Reihenfolge rechts auf rechts zum Trapez zusammennähen, zuerst hin im Geradstich, dann wieder zurück im Zickzackstich.

11. Das zusammengenähte Trapez senkrecht in der Mitte durchschneiden. So erhaltet ihr zwei Trapeze.

12. Die vier Trapeze so zusammensetzen, dass ein großes Rechteck entsteht (dafür die schrägen Kanten aneinanderlegen).

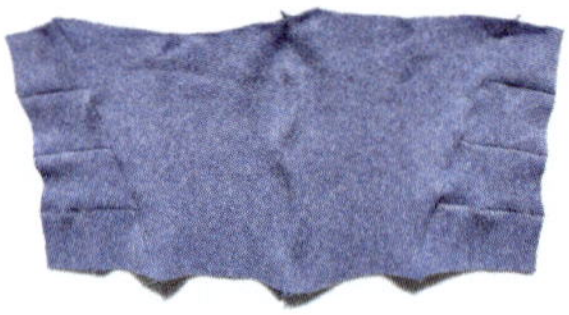

13. Die vier Teile mit drei Nähten (jeweils Geradstich und Zickzack) zusammennähen.

14. Das Rechteck auf links drehen und rechts auf rechts kantenbündig (Kanten aufeinander) auf das Vorderteil der Jacke legen.

15. Das Ganze auf links wenden und Vorder- und Rückenteil der Jacke an den Seitenkanten zusammennähen.

16. Von dem gerippten Bündchen die Knopfleistenpartien abschneiden und den Streifen an der Schmalkante rechts auf rechts zum Schlauch zusammennähen.

17. Den Schlauch rechts auf rechts an die Unterkante des Pullovers stecken. Ringsum zusammennähen, dabei das Bündchen stets leicht dehnen, damit keine Falten entstehen.

18. Den Pullover auf links wenden und die beiden Ecken des Ausschnitts 5 mm weit einschneiden. Das Schnittteil für den geknöpften Ausschnitt von links (aber rechts auf rechts) an das obere Vorderteil stecken und an den Seiten und Schultern zusammennähen.

19. Von dem ursprünglichen Ausschnitt den gesamten Rand abschneiden.

20. Daraus ein Stück in der benötigten Länge zuschneiden (dabei könnt ihr euch am ursprünglichen Halsumfang der Jacke orientieren). Die Enden schräg zuschneiden.

21. Den Kragen so annähen, dass die Enden auf die Knopfleiste stoßen. Bravissimo!

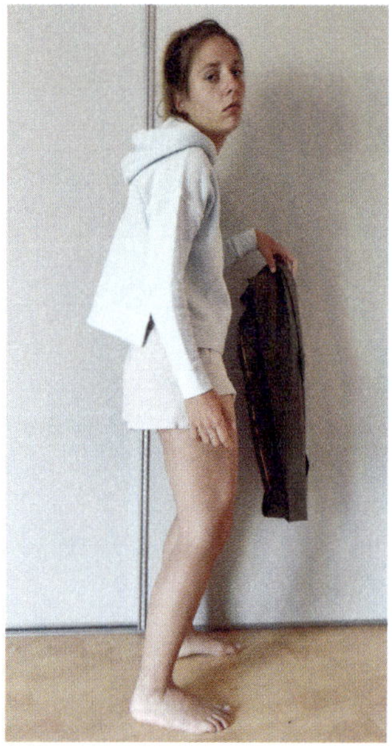

Kleidungsstück

Sweatshirt + Stoffrest oder Halstuch (70 x 70 cm)

Material

- Nahttrenner
- Schere
- Stecknadeln
- Nähmaschine
- Farblich passendes Nähgarn
- Schneiderkreide
- 2 Ösen (stattdessen könnt ihr auch Knopflöcher nähen)
- Bügeleisen

HOODIE

1. Es macht nichts, wenn die Kapuze eures Sweatshirts kein Futter hat – für diese Kreation wird keines gebraucht.

2. Die Kapuze komplett vom Sweatshirt abtrennen.

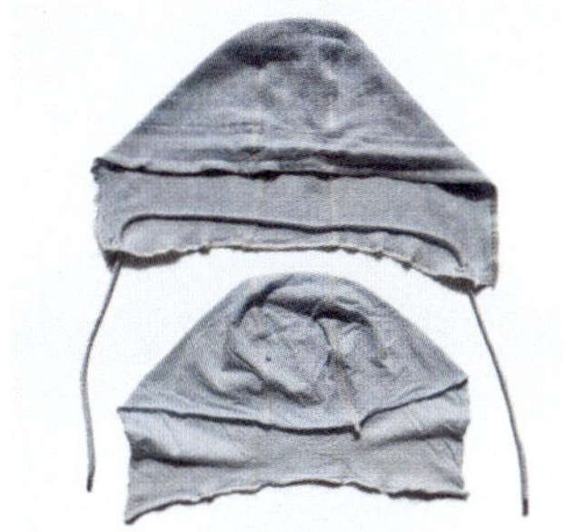

3. Das Futter heraustrennen, falls vorhanden, und den Saum auftrennen, durch den die Kordel gezogen ist.

4. Die Kapuze Naht auf Naht falten und auf den in der Mitte gefalteten Stoffrest legen; dabei den Fadenlauf beachten.

5. Mit Schneiderkreide die Nahtlinien (nicht den Umriss) nachzeichnen und 1 cm außerhalb dieser Linie zuschneiden.

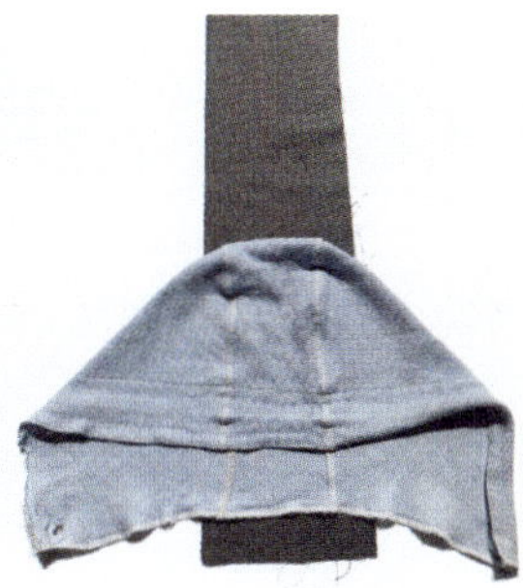

6. Auf dem übrigen Stoffrest die Breite und Höhe der mittleren Kapuzenpartie plus rundum 1 cm Nahtzugabe einzeichnen.

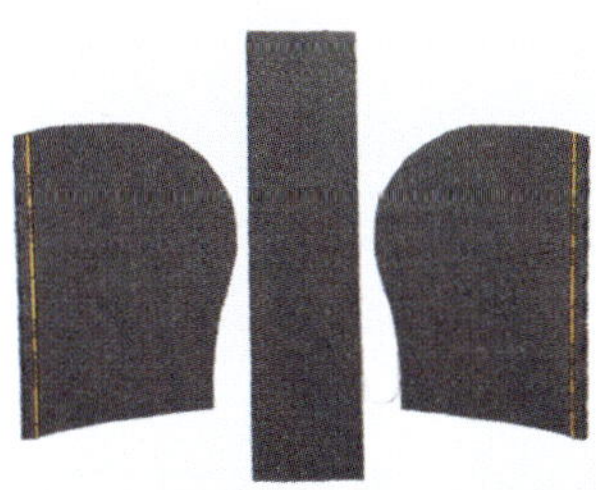

7. Die Schnittteile entsprechen genau der ursprünglichen Kapuze.

8. Die Teile rechts auf rechts zusammenstecken und mit 1 cm Nahtzugabe zusammennähen.

9. Die Nahtzugaben auseinanderbügeln.

Pullover & Jacken

10. Die beiden Nähte der Kapuze von rechts beidseits absteppen (2 mm neben der Naht, insgesamt vier Steppnähte).

11. Die Originalkapuze auf die neue Kapuze legen und die Positionen der Ösen markieren.

12. Auf der linken Stoffseite auf beiden Seiten der neuen Kapuze mit Schneiderkreide ein Kreuz einzeichnen.

13. Die Ösen an der Position der Kreuze anbringen.

14. An der Vorderkante der Originalkapuze einen Streifen abschneiden. Dessen Breite entspricht dem Abstand zwischen der Innenkante der Öse und der Außenkante der Kapuze.

15. Die Originalkapuze auf links wenden und die neue Kapuze auf rechts.

16. Die Kante der neuen Kapuze rechts auf rechts innen an die Originalkapuze stecken und ringsum mit 1 cm Nahtzugabe im Geradstich annähen.

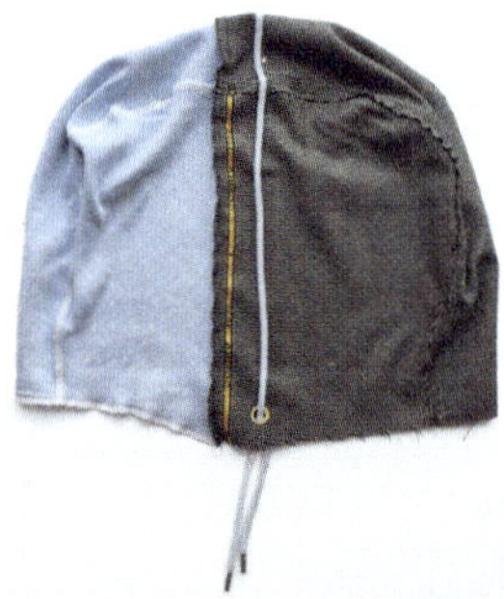

17. Die Kordel auf links in die Ösen der neuen Kapuze einfädeln.

18. Die Kordel im Geradstich an den beiden doppellagigen Stellen (Nahtzugaben) der neuen Kapuze festnähen, dabei mehrmals hin und her nähen.

19. Die Nahtzugaben zur Kordel hin umbügeln.

20. Die Originalkapuze nach außen über die neue Kapuze umschlagen; dabei die Kordelpartie mit umschlagen. Ringsum abstecken, ohne in die Kordel zu stechen.

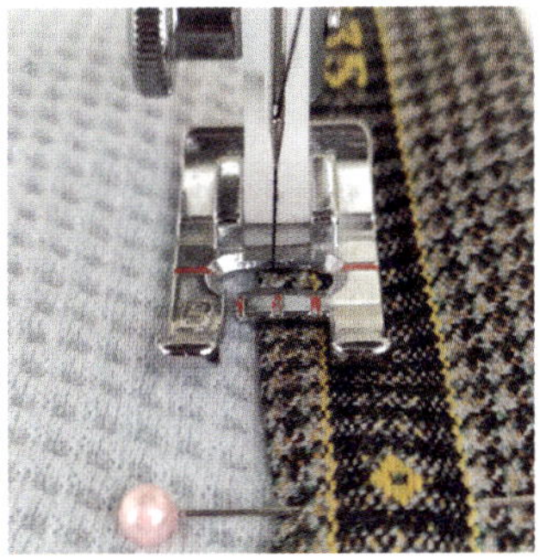

21. Im Geradstich knapp an der Kante entlang nähen. Dank Schritt 19 werden dabei auch die Nahtzugaben aus Schritt 16 mit festgenäht.

22. Die Kapuze ist fertig. Mit Schneiderkreide die Mitte der Unterkante markieren.

23. Das Sweatshirt auf links wenden. Den Rumpf längs falten, Schulter auf Schulter, und die vordere und hintere Mitte markieren.

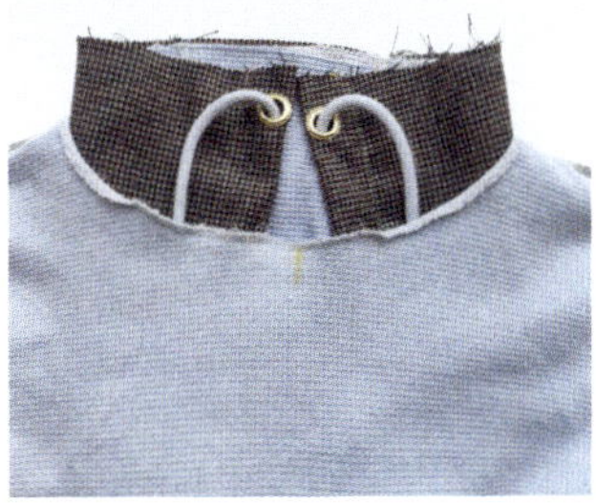

24. Die auf rechts gewendete Kapuze in das auf links gewendete Sweatshirt schieben. Die Kanten von Kapuze und Halsausschnitt liegen also rechts auf rechts.

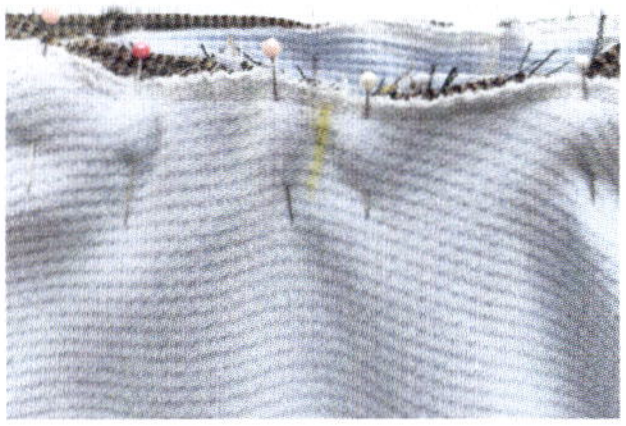

25. Die Markierungen der Mitte aufeinanderlegen und die Kanten ringsum zusammenstecken. Im Geradstich rings um den Halsausschnitt nähen und im Zickzackstich versäubern.

26. Die Kapuze wenden und kontrollieren, ob rings um den Hals keine Lücke mehr offen ist. Die Naht muss sehr stabil sein.

27. Kapuze tief in meinem Gesicht (yeah)!

Kleidungsstücke
Trekkinghose + zu kleine Fleecejacke

Material
- Nahttrenner
- Schere
- Stecknadeln
- Nähmaschine
- Farblich passendes Nähgarn
- Schneiderkreide

SPORTLICHE FLEECEJACKE

Sportliche Fleecejacke

1. Überprüft, ob euch die Farbkombination eurer Kleidungsstücke gefällt.

2. Die auf rechts gewendete Fleecejacke flach ausbreiten.

3. Mit dem Nahttrenner den Kragen abtrennen, dabei den Reißverschluss aussparen. Den Kragen beiseitelegen.

4. Beide Ärmel heraustrennen.

5. Die Seitennähte der Jacke auftrennen.

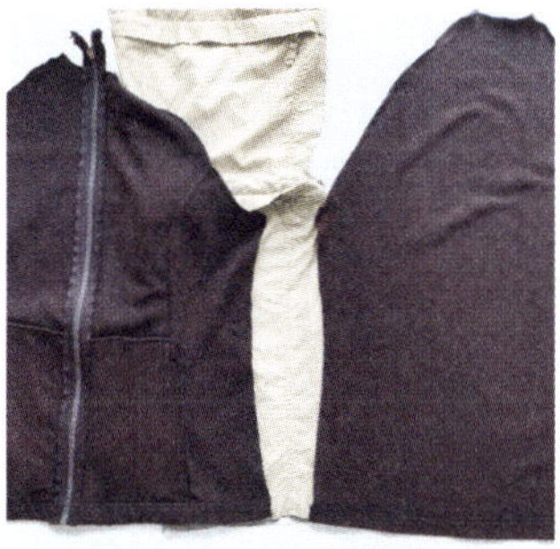

6. Eines der unteren Hosenbeine auf rechts gewendet unter die Seitenkanten der Jacke legen – der Abstand an der breitesten Stelle der geschwungenen Linien muss 8 cm betragen. Den Verlauf der Seitenlinien mit Schneiderkreide auf die Hose zeichnen.

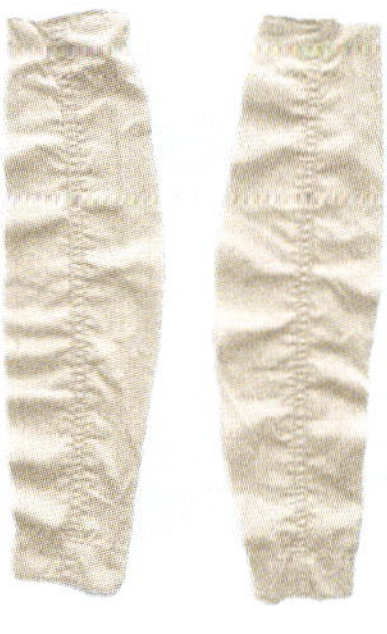

7. Außerhalb der aufgezeichneten Linien 1 cm Nahtzugabe zugeben und das Teil zuschneiden. Den Vorgang symmetrisch am anderen Hosenbein wiederholen.

8. Aus den Hosenbeinen in Höhe der Oberschenkel zwei 16 cm hohe schlauchförmige Teile zuschneiden.

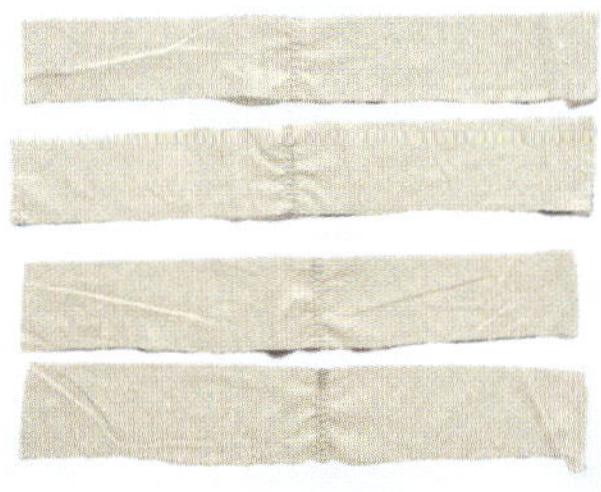

9. An beiden Teilen eine Seitennaht auftrennen. Die Teile auseinanderfalten und waagerecht in der Mitte durchschneiden. Nun habt ihr vier 8 cm hohe Streifen.

Pullover & Jacken

10. Jeweils zwei Streifen an der Schmalkante rechts auf rechts im Geradstich zusammennähen, um zwei lange Streifen zu erhalten. An jeweils einer Schmalkante der beiden Streifen einen Saum anbringen, der so breit ist wie der Saum der Ärmel in Schritt 11.

11. Die Ärmel ab der Mitte der Schulter längs durchschneiden und auf rechts hinlegen. Die Streifen der Hose rechts auf rechts an die Ärmel stecken. Überstehenden Stoff gerade abschneiden (nicht der Form des Ärmels folgen).

12. Die Streifen im Geradstich an die Ärmel nähen und die Nähte von rechts absteppen.

13. Falls eure Hose Taschen mit Reißverschluss hat, könnt ihr diese abschneiden und in einer euch angenehmen Höhe an die Ärmel nähen.

14. Die Ärmel wieder schließen, dafür diese an der Längskante rechts auf rechts zusammennähen.

15. Wenn ihr keine Overlock-Maschine habt, die Nahtzugaben im Zickzackstich versäubern.

16. Die breiten Streifen aus Schritt 7 rechts auf rechts kantenbündig an die geschwungenen Seitenlinien der Jacke legen. Im Geradstich annähen.

17. Die Gesäßtaschen der Hose abtrennen (oder die Seitentaschen, je nach Modell).

18. Die Taschen links auf rechts und im Geradstich in Brusthöhe auf die Vorderteile der Jacke nähen.

19. Das Rückenteil der Fleecejacke rechts auf rechts so auf das Vorderteil legen, dass die geschwungenen Kanten von Fleece und Hosenstoff genau aufeinanderliegen. Im Geradstich zusammennähen und absteppen.

20. Die Ärmel auf rechts wenden und in die Armausschnitte schieben, sodass die Armausschnittkanten rechts auf rechts genau aufeinanderliegen. Am vorderen Halsausschnitt beginnend zusammenstecken, sodass der überschüssige Stoff sich am Rückenteil befindet.

21. Den am Rückenteil überstehenden Stoff am Halsausschnitt waagerecht abschneiden. Der vordere und hintere Halsausschnitt müssen auf derselben Höhe sein.

22. Den Kragen aus Schritt 3 auseinanderfalten, quer in der Mitte durchschneiden. Aus der Hose einen Streifen von der gleichen Höhe zuschneiden; er muss so breit sein, dass der Kragenstreifen nach dem Zusammennähen genau in den Halsausschnitt passt (hier 16 cm).

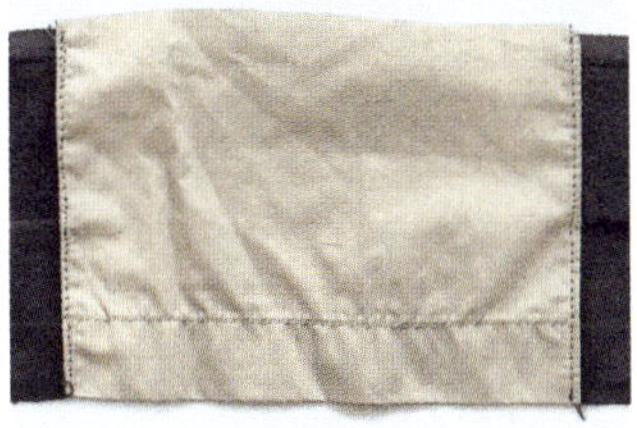

23. Die Teile an den Schmalkanten rechts auf rechts im Geradstich zusammennähen und beide Nähte absteppen.

24. Ein Rechteck zuschneiden (oder zusammenstückeln), das so breit ist wie der Kragen und so hoch wie der überstehende Reißverschluss der Jacke + 1 cm Nahtzugabe (hier 8 cm). Das Rechteck rechts auf rechts an die Kragenoberkante legen und annähen.

25. Den Kragen (Kante des Hosenstoff-Rechtecks) rechts auf rechts an den Halsausschnitt der Jacke stecken. Die seitlichen Außenkanten nach innen umschlagen, um den Saum zu erhalten, der später (Schritt 27) am Reißverschluss sitzt.

26. Die Fleecejacke auf links wenden, den Kragen nach innen umschlagen und einen 1,5 cm breiten Saum nach innen umschlagen. Feststecken und von links genau auf der äußeren Kragennaht annähen.

27. Zum Schließen des Kragens die in Schritt 25 sauber nach innen umgeschlagenen Kanten beidseits des Reißverschlusses annähen. Puh, ist euch warm geworden? Sicher nicht so warm wie später beim Tragen dieser Jacke!

BOMBER-JACKE

Kleidungsstücke
Jacke mit Reißverschluss + Halstuch (70 x 70 cm)

Material

- Nahttrenner
- Schere
- Stecknadeln
- Nähmaschine
- Farblich passendes Nähgarn
- Blatt Papier
- Filzstift
- Maßband
- Bügeleisen

Tipp
Für präzise Absteppnähte die Nähmaschine auf die niedrigste Geschwindigkeit einstellen. So könnt ihr am leichtesten Kanten knapp absteppen, ohne dass die Naht verwackelt.

1. Ihr könnte jede beliebige Reißverschlussjacke verwenden, sie sollte euch jedoch am besten zu groß sein.

2. Die Breite und Höhe des vorhandenen Halsausschnitts abmessen.

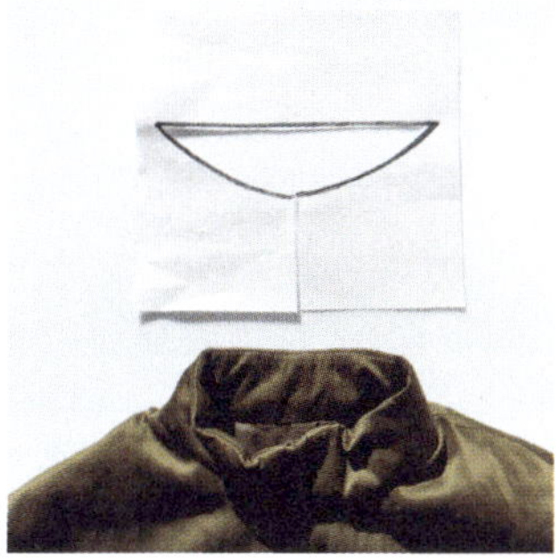

3. Diese Maße auf ein Stück Papier aufzeichnen (die hintere Partie des Ausschnitts ist gerade, die vordere abgerundet). Das Innere der Form ausschneiden; dazu die Längsseite des Papiers von unten einschneiden.

4. Das Halstuch zum Dreieck falten. Das Papier mit dem eingeschnittenen Schlitz nach unten an die Mitte der Oberkante legen.

5. Die obere Stofflage entlang der Papierkante und am Schlitz des Papiers bis zur unteren Spitze des Dreiecks durchschneiden.

6. Das Tuch auf links hinlegen. An den zugeschnittenen Kanten 1 cm breit nach innen umbügeln.

7. Den Kragen ringsum abtrennen, außer am Reißverschluss.

8. Die ausgeschnittene Partie des Halstuchs kantenbündig zwischen Halsausschnitt und Kragen der Jacke schieben. Den Kragen sandwichartig um den Stoff von Tuch und Jacke legen und ringsum feststecken.

9. Kontrollieren, ob die umgebügelten Kanten des Tuchs parallel und dicht am Reißverschluss liegen.

Pullover & Jacken

10. Den Reißverschluss der Jacke ganz öffnen und sie mit dem Rücken zu euch ausbreiten, um das Annähen des Kragens zu erleichtern.

11. Den Kragen knapp an der Kante entlang festnähen. Langsam nähen (siehe Tipp)!

12. Eine der beiden umgebügelten Kanten des Halstuchs am Kragen beginnend entlang des Reißverschlusses feststecken.

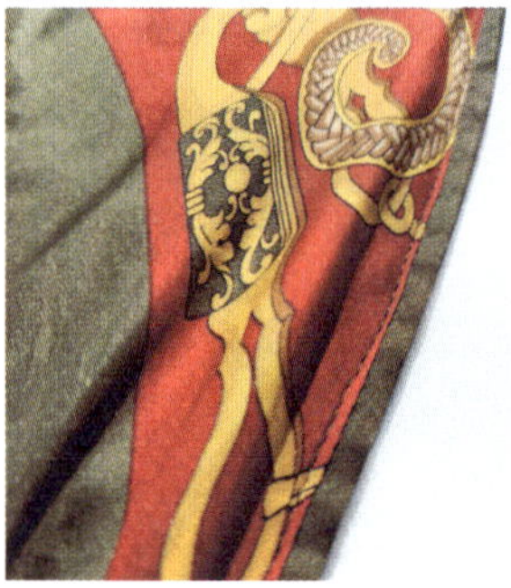

13. Langsam genau auf der ursprünglichen Reißverschlussnaht annähen.

14. Die andere umgebügelte Kante feststecken; dabei an der Spitze des Tuchs beginnen, damit die beiden Spitzen auf derselben Höhe liegen. Dann entlang des Reißverschlusses von unten bis zum Kragen annähen.

15. Die überstehenden Spitzen des Tuchs knapp am Stoffbruch abschneiden.

16. Die beiden Seiten des Tuchs am Vorderteil feststecken; dafür die Ärmel der Jacke ausbreiten. Die beiden äußeren Ecken des Tuchs müssen an der oberen Mitte der Ärmel sitzen.

17. Auf dieselbe Weise die beiden hinteren Seiten des Tuchs am Rückenteil feststecken. Die untere Spitze des Tuchs muss genau an der unteren Mitte des Rückenteils sitzen. Das Tuch nicht straff spannen, sondern etwas Spielraum lassen.

18. Das Tuch zuerst an den Vorderteilen festnähen. Dabei an der Spitze am Reißverschluss beginnen und bis zur Spitze am Ärmel nähen.

19. Wenn ihr mit eurer Nähmaschine nicht bis zur Spitze am Ärmel nähen könnt, die Naht von Hand zu Ende nähen.

20. Dann die beiden hinteren Kanten des Tuchs annähen. Dabei jeweils an der Spitze unten am Rückenteil beginnen.

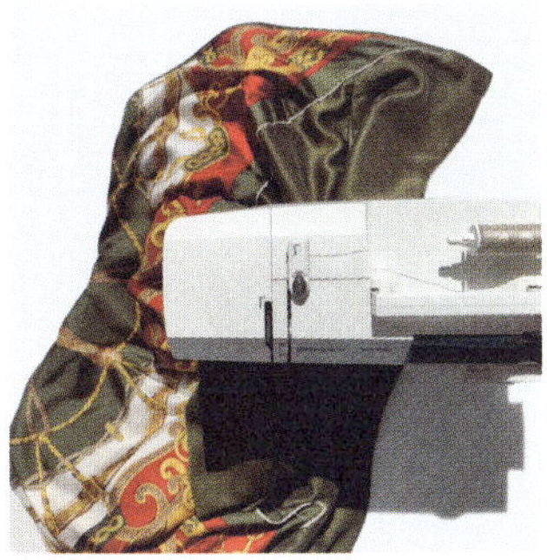

21. Bis zur Spitze am Ärmel nähen.

22. Kontrollieren, ob das Tuch überall gut angenäht und nicht unter der Naht herausgerutscht ist. Ansonsten an den entsprechenden Stellen nachnähen, damit das Tuch nicht einreißt.

23. Voilà! Eure geniale Bomberjacke von hinten ...

24. ... und von vorn!

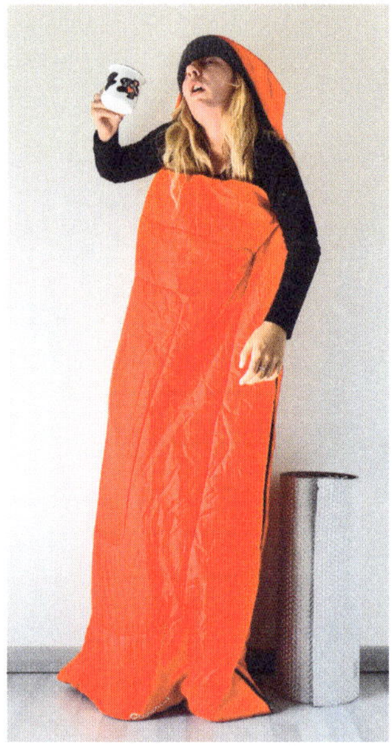

Benötigtes Teil
Schlafsack, Erwachsenen- oder Kindergröße
(Der hier verwendete Schlafsack hat unten eine Naht und oben eine Kapuze.)

Material
- Nahttrenner
- Schere
- Stecknadeln und Klammern
- Nähmaschine
- farblich passendes Nähgarn
- Schneiderkreide
- Kurvenlineal oder Schneiderkurve
- 2 Stücke Gummiband à 20 x 2 cm (für die Ärmel)

DAUNENJACKE

1. Den Schlafsack aus seinem Packsack herausholen und mit geschlossenem Reißverschluss vor euch ausbreiten. Keinesfalls bügeln, der Stoff würde schmelzen!

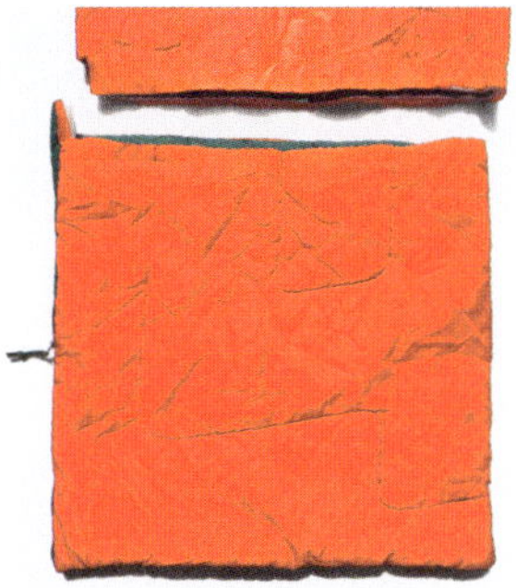

2. Die untere Partie auf 60 cm Höhe am Reißverschluss und auf 55 cm an der übrigen Partie waagerecht durchschneiden. Der Reißverschluss muss über die übrige Partie hinausragen.

3. Die abgeschnittene Partie mit dem Reißverschluss zu euch zeigend hinlegen. Die untere Naht und die oberen 10 cm der Nähte beidseits des Reißverschlusses auftrennen.

4. Am Vorderteil einen 5 cm tiefen und 22 cm breiten Halsausschnitt ausschneiden, ohne in den Reißverschluss zu schneiden.

5. Für die Schultern von den Seiten des Halsausschnitts bis zur Seitenkante schräg schneiden. Die kurze Seite des entstandenen Dreiecks ist 4 cm lang.

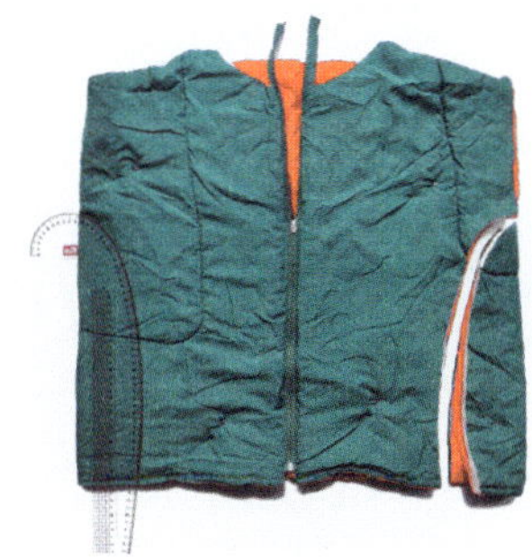

6. Das Teil auf links wenden. Mithilfe des Kurvenlineals die Seitenkanten zuschneiden: 8 cm innerhalb der Seitenkante am unteren Rand beginnen und die Kurve unter den Achseln 15 cm unterhalb der Schulter beenden.

7. Die abgeschnittenen Seitenteile auseinanderfalten und die obere abgerundete Partie abschneiden, sodass zwei Rechtecke entstehen. Diese links auf links auf die Jacke legen.

8. Am unteren Rand die Seitenkanten auf Taschenbeutelhöhe nach innen einschlagen und feststeppen. Die übrigen offenen Kanten einschließlich der Taschen im Zickzackstich versäubern.

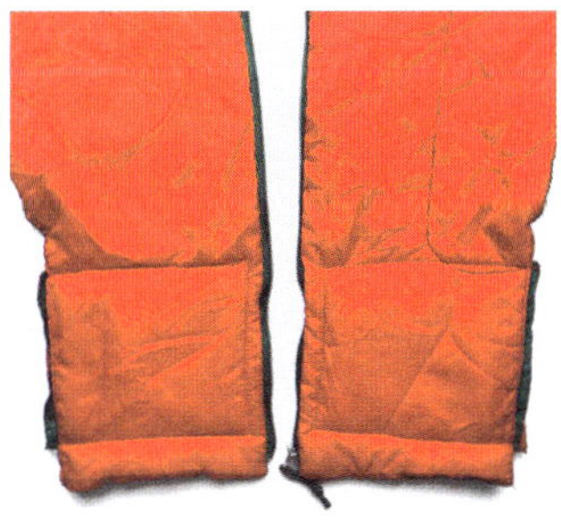

9. Die Taschen links auf links unten so an den Vorderteilen annähen, dass sie an den Außenseiten 1 cm breit überstehen.

Pullover & Jacken

10. Vorder- und Rückenteile an den Seiten zusammenstecken, die Seitennähte von den Achseln bis zum unteren Saum zunähen. Im Bereich der Taschen nur die Nahtzugaben der Ober- und Unterkante an das Vorderteil nähen, damit der Tascheneingriff offen bleibt.

11. Die Vorderseite der oberen Partie des Schlafsacks in zwei Teile schneiden. So erhaltet ihr zwei große trapezförmige Teile für die Ärmel. Die Unterkante der Trapeze muss so lang sein wie der Armausschnittumfang.

12. Die Unterkante und die langen Seiten der Trapeze versäubern und an jedem Handgelenk eines der Gummibänder einziehen (anstelle der Kordel des Schlafsacks).

13. Die Ärmel rechts auf rechts im Geradstich mit 1 cm Nahtzugabe in die Armausschnitte einnähen.

14. Die Jacke auf links wenden. Die Ärmel rechts auf rechts legen und vom Handgelenk über die Schulter bis zum Halsausschnitt im Geradstich zusammennähen.

15. Die Kapuze des Schlafsacks so abschneiden, dass die Kante einen leichten Bogen nach unten beschreibt. Die Länge dieser geschwungenen Unterkante der Kapuze muss der Länge des Halsausschnitts entsprechen.

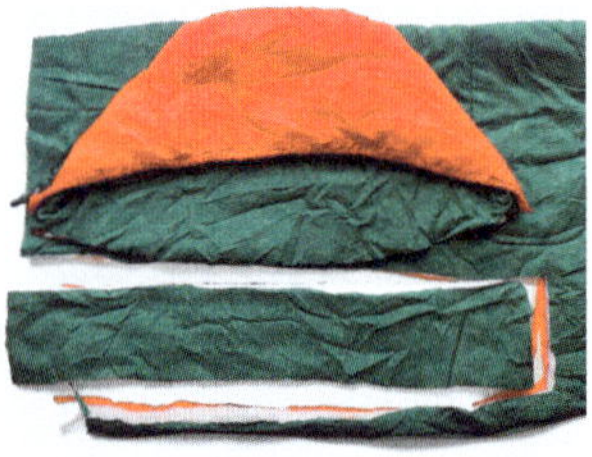

16. Aus dem Rest der oberen Rückseite des Schlafsacks einen 10 cm breiten Streifen zuschneiden, der ebenso lang ist wie die Unterkante der Kapuze.

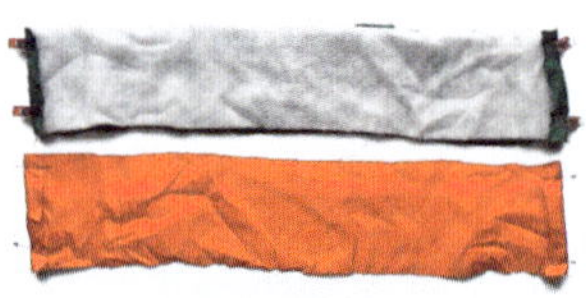

17. Die Stofflagen dieses Streifens voneinander trennen (die Wattierung bleibt auf der Seite des Innenfutters) und alle Schmalkanten 1 cm breit nach innen umschlagen.

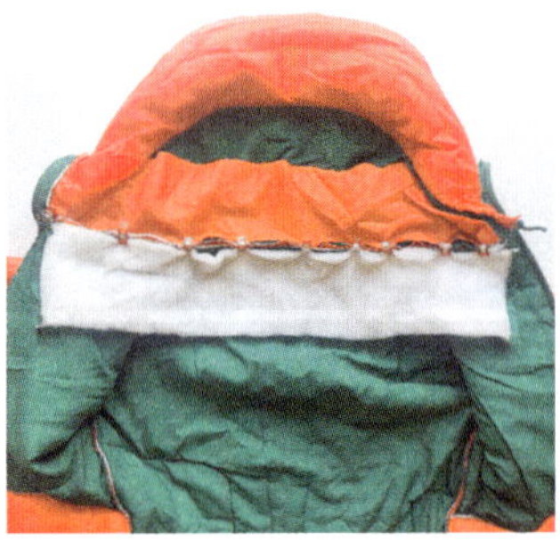

18. In folgender Reihenfolge zusammenstecken: äußerer Kragen (hier der orange Streifen), Kapuze, Halsausschnitt der Jacke, Futter des Kragens (hier der grüne Streifen) und Wattierung. Den Kragen im Geradstich annähen.

19. Die Kragenstreifen nach oben umschlagen (den orangen auf den grünen Streifen, die Wattierung dazwischen). Die Kanten nach innen umschlagen und den Kragen im Geradstich zusammennähen.

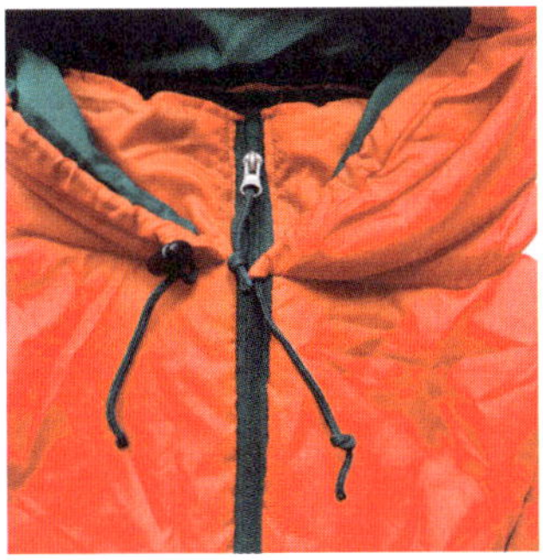

20. Den Kragen rechts und links an den Reißverschluss nähen. Im Zickzackstich mehrfach (langsam und vorsichtig!) über jedes Ende des Reißverschlusses nähen, damit der Zipper oben nicht herausrutschen kann.

21. *Die* Jacke, um sich wie in einer Wolke zu fühlen.

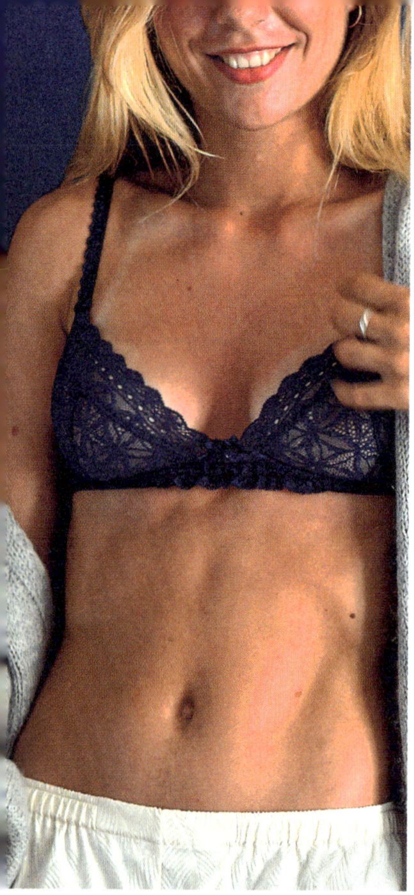
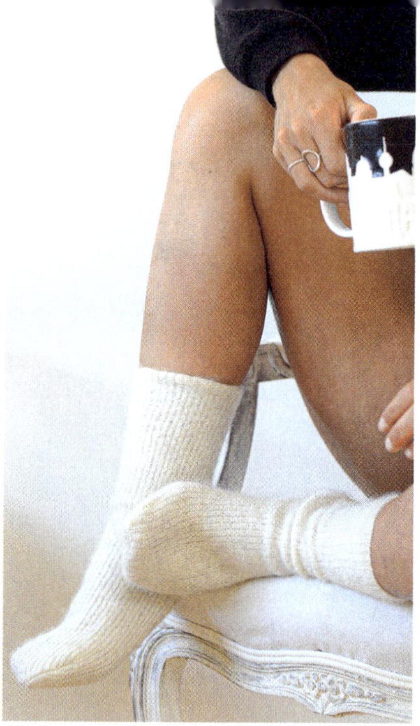
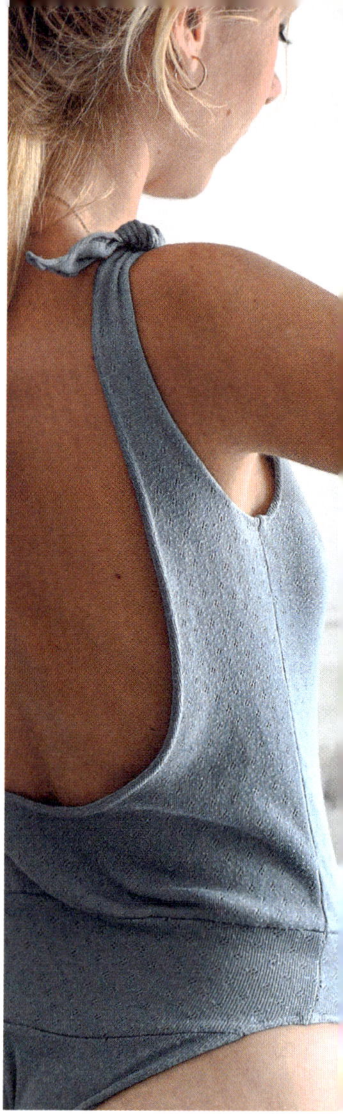
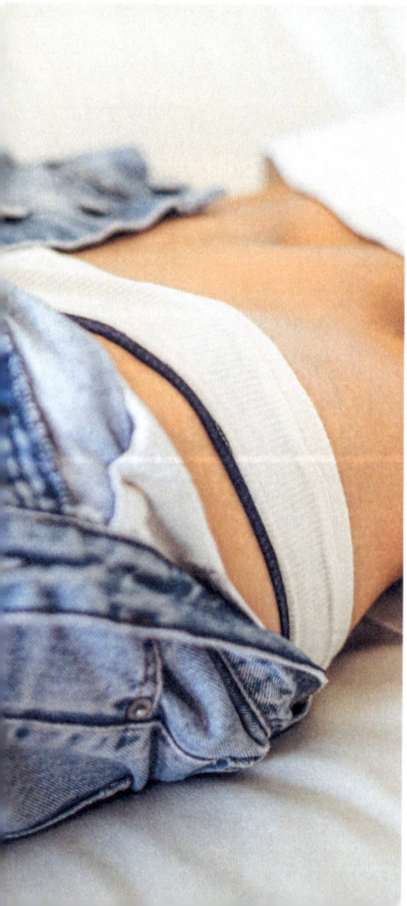
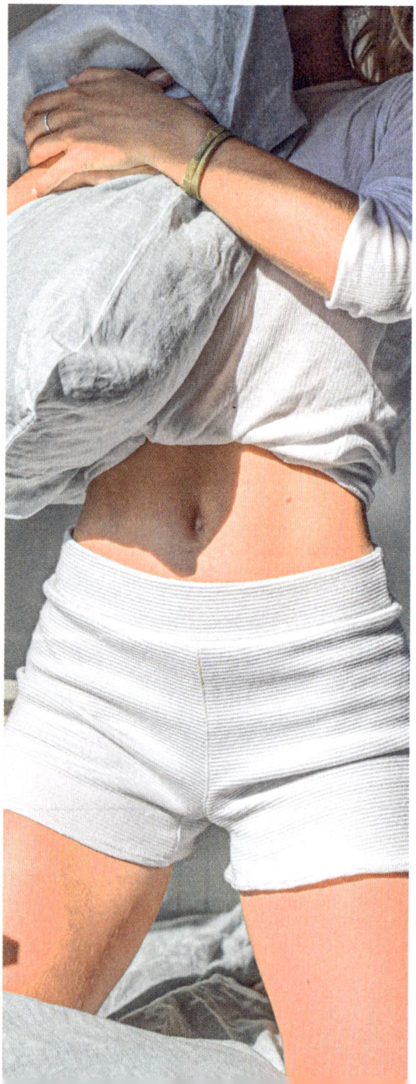

WÄSCHE

Wäsche

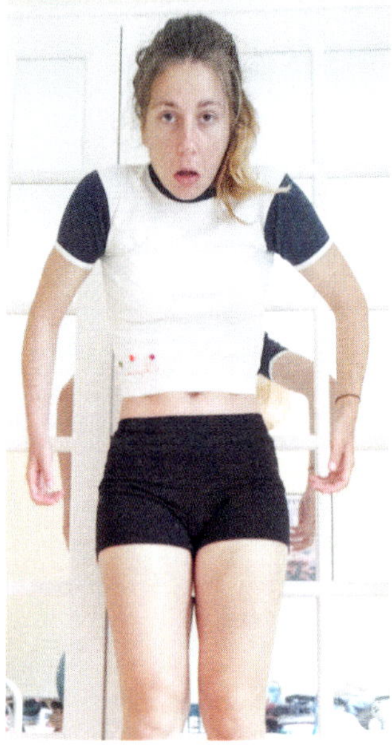

Kleidungsstück
Ein Baumwoll-T-Shirt
(Das T-Shirt kann ruhig zu klein sein.)

Material
- Nahttrenner
- Schere
- Stecknadeln
- Nähmaschine
- Farblich passendes Nähgarn
- Schneiderkreide
- Zwillingsnadel (siehe Tipp)
- Maßband
- Slip in eurer Größe, der als Vorlage dient

Tipp
Mit der Zwillingsnadel angefertigte Nähte bleiben elastischer, was bei einem Slip sehr praktisch ist. Wenn ihr keine Zwillingsnadel habt, könnt ihr den Zickzackstich verwenden.

SLIP

1. Falls euer T-Shirt Flecken hat, die nicht mehr herausgehen, könnt ihr darum herum schneiden. Wenn das T-Shirt Applikationen hat, die euch nicht gefallen, trennt sie ab.

2. Das T-Shirt unter den Achseln waagerecht durchschneiden.

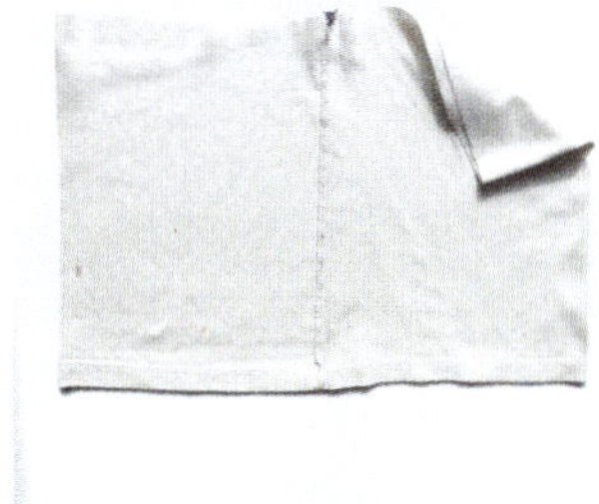

3. Die untere Partie (Schlauch) auf links wenden und flach legen. Die Seitennähte des T-Shirts in der Mitte platzieren.

4. Den Vorlage-Slip längs in der Mitte falten und die linke Hälfte der Vorderseite ab der Mitte (Naht) mit Schneiderkreide auf den T-Shirt-Stoff aufzeichnen – dabei den T-Shirt-Saum frei lassen.

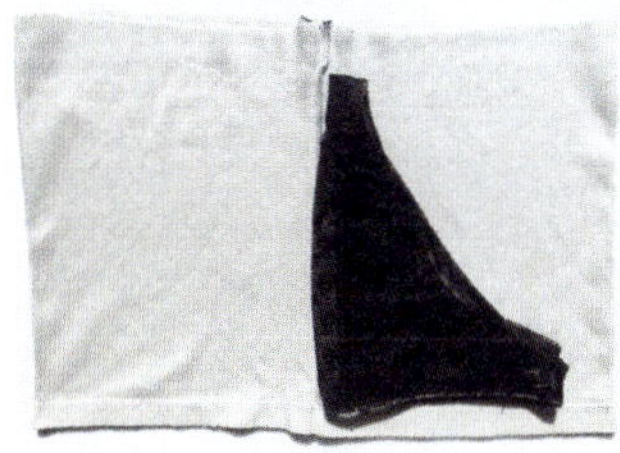

5. Auf der anderen Seite des Schlauchs auf dieselbe Weise die rechte Hälfte der Rückseite des Slips aufzeichnen.

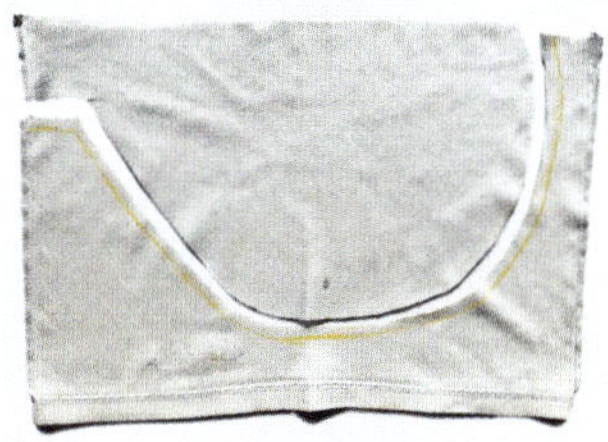

6. Die Seitennähte wieder an die Seiten legen und die beiden Stofflagen 1 cm außerhalb eurer Linien zuschneiden.

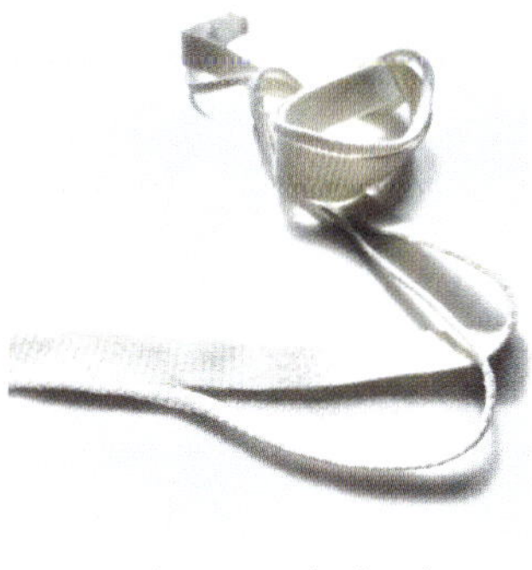

7. Den T-Shirt-Saum abschneiden und die Naht auftrennen (oder abschneiden).

8. Einen der Ärmel des T-Shirts abschneiden. Die Naht ab der Achsel abschneiden. Anschließend den Ärmel mit der rechten Stoffseite nach oben ausbreiten.

9. Das Vorderteil des Slips (das schmalere Teil) auseinandergefaltet mit der linken Stoffseite auf die rechte Stoffseite des Ärmels legen. Die Form (Umriss) auf den Ärmel zeichnen, hier 13 cm lang.

Wäsche

10. Dieses Teil ausschneiden; es wird der Zwickel des Slips.

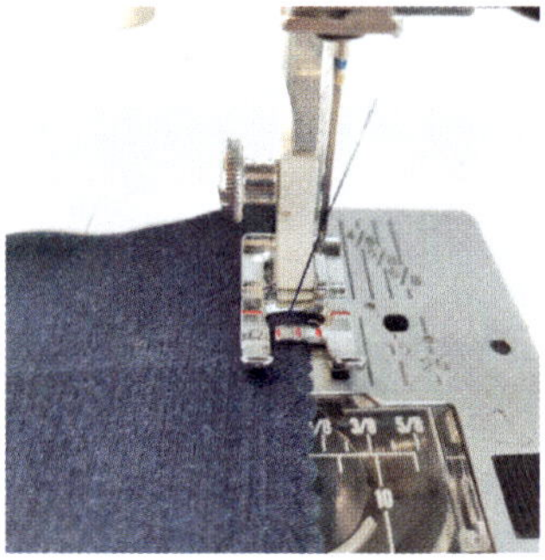

11. Die vordere Kante des Zwickels im Zickzackstich versäubern. Mindestens einmal hin und her nähen.

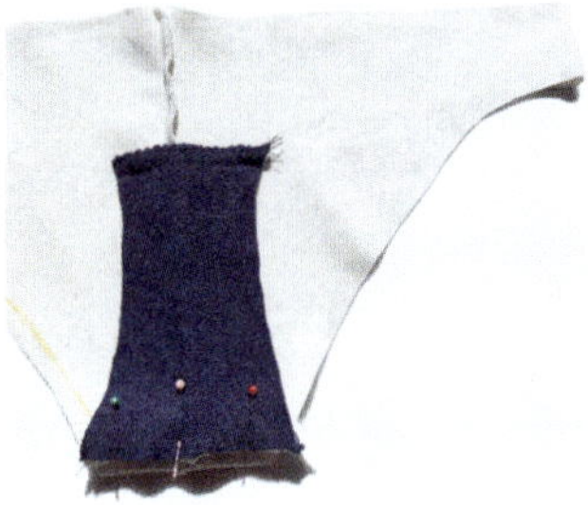

12. Den Slip auf links wenden, das Rückteil zeigt nach oben. Den Zwickel rechts auf links kantenbündig so feststecken, dass alle drei Stofflagen (Vorder- und Rückseite des Slips und die hintere Kante des Zwickels) genau aufeinanderliegen.

13. Die drei Lagen zuerst im Geradstich zusammennähen, dann im Zickzackstich versäubern.

14. Den Zwickel auf das Vorderteil des Slips umschlagen und an den übrigen drei Seiten (vorne und seitlich) festnähen.

15. So sieht der auf links gewendete Slip nun aus.

16. Den anderen Ärmel abschneiden, die Ärmelnaht auftrennen und den Ärmel mit der linken Stoffseite nach oben ausbreiten.

17. An der rechten Kante des Ärmels beginnend im Abstand von 2 cm gerade Linien auf den gesamten Ärmel zeichnen.

18. Diese Streifen zuschneiden und die vier längsten davon behalten.

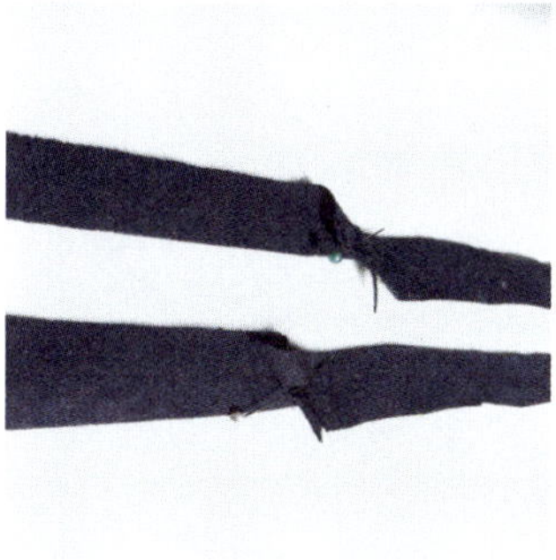

19. Jeweils zwei Streifen an den Schmalkanten fest zusammennähen, sodass zwei lange Streifen entstehen.

20. Diese Streifen längs in der Mitte umbügeln.

21. Solange das Bügeleisen noch heiß ist, den Stoff entlang der Beinausschnitte 1 cm breit nach innen umbügeln.

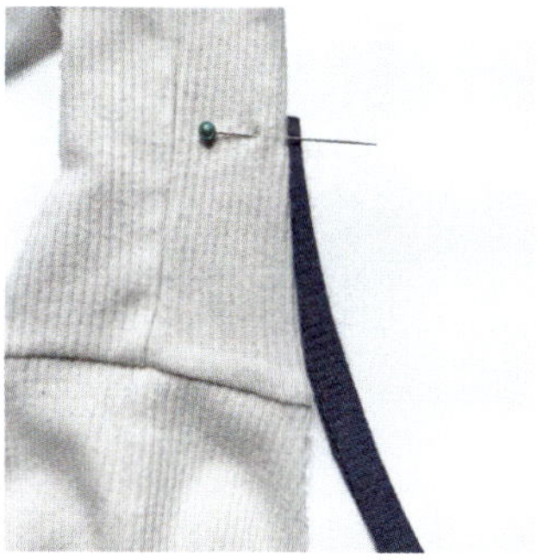

22. Mit einer Stecknadel einen der Streifen am Zwickel unter der umgebügelten Kante eines Beinausschnitts feststecken.

23. Mit der Zwillingsnadel den Streifen ringsum an den Beinausschnitt nähen, dabei den Streifen straff gespannt halten, den Slipstoff jedoch nicht, sodass die Kante elastisch wird.

24. Wenn ihr wieder am Anfang des Streifens ankommt, noch 1 cm weiter nähen, sodass Anfang und Ende sich überlappen. Den überstehenden Rest des Streifens abschneiden. Den Vorgang am anderen Beinausschnitt wiederholen.

25. An der Taille ebenso vorgehen. Dafür den in Schritt 7 abgeschnittenen T-Shirt-Saum verwenden und beim Annähen straff gespannt halten.

26. Wenn die Enden aufeinandertreffen, noch 1 cm weiter nähen, dann das Ende mit zwei unauffälligen senkrechten Nähten befestigen.

27. Einen Second-Hand-Slip trägt man nicht alle Tage ... Enjoy!

Wäsche

Kleidungsstück
Ärmelloses Top

Material
- Schere
- Stecknadeln
- Nähmaschine
- Farblich passendes Nähgarn
- Sicherheitsnadel

BUSTIER

1. Das Top flach ausbreiten; darauf achten, dass die Seitennähte genau an den Seiten liegen.

2. Das Top waagerecht durchschneiden: unter den Achseln, 8 cm über dem Saum sowie unter dem Ausschnitt. Die Seiten der Partie unter den Schultern senkrecht zuschneiden, die Saumpartie 5 cm innerhalb der Seitennähte. Ihr erhaltet zwei Rechtecke mit je 2 Stofflagen.

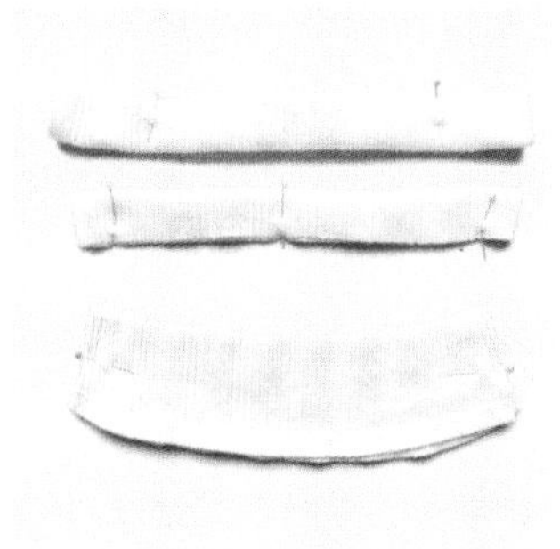

3. Die oberen Rechtecke (unterhalb des Ausschnitts) jeweils rechts auf rechts längs falten, im Geradstich zusammennähen und auf rechts wenden. Dies werden die Träger. An den unteren Rechtecken (Saumpartie) die Seitenkanten zusammennähen.

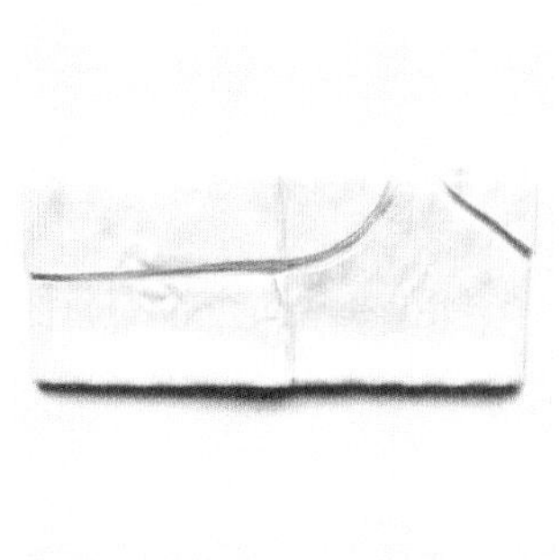

4. Die Oberkante des mittleren Top-Teils ringsum umschlagen. Stoffbruch nach unten, Nähte in die Mitte legen. Durch alle 4 Lagen oben rechts über knapp ¼ der Breite ein »V« für das Dekolleté abschneiden. 3 cm weiter eine Kurve zuschneiden.

5. Die Seitennähte wieder seitlich legen. Die Träger, hinten 10 cm ab den Seitennähten nach innen und vorn an den Spitzen, zwischen die beiden Stofflagen stecken. Die Enden der Träger schauen oben heraus.

6. Die Träger komplett nach innen zwischen die beiden Stofflagen schieben, dann die Kanten ringsum abstecken und im Geradstich zusammennähen.

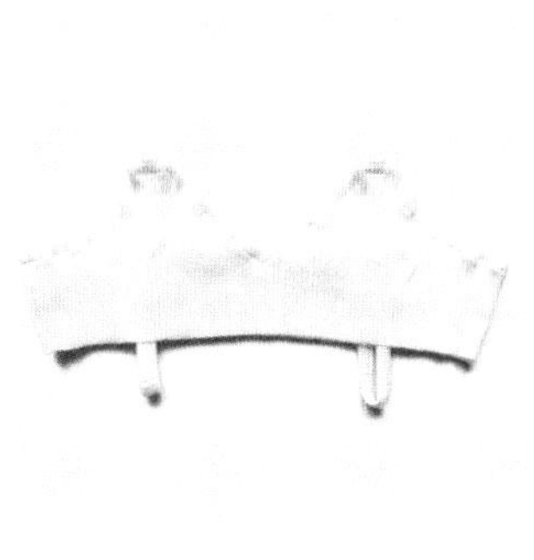

7. Den Stoffbruch an der Unterkante komplett aufschneiden, um die Träger herauszuholen. Das Bustier auf rechts wenden.

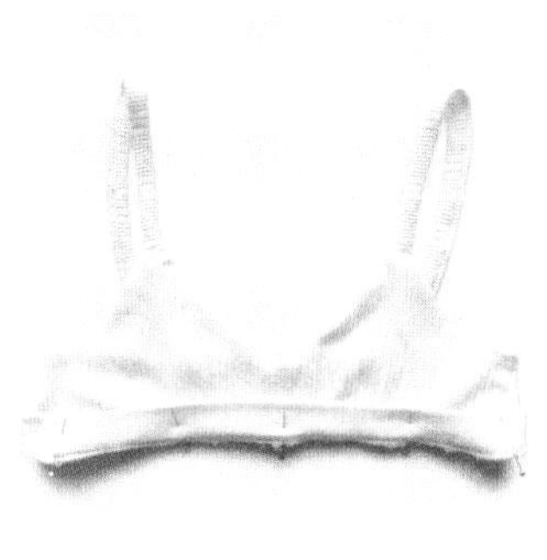

8. Den links auf links in der Mitte gefalteten Schlauch der Saumpartie (Schritt 3) rechts auf rechts unten an das Bustier stecken und ringsum annähen; dabei gedehnt halten, damit keine Falten entstehen.

9. Dies ist die Rückseite, die Vorderseite seht ihr auf der gegenüberliegenden Seite.

Kleidungsstück
BH mit Cups aus Spitzenstoff und Innenfutter aus Jersey

Material
- Nahttrenner
- Schere
- Stecknadeln
- Nähmaschine
- Farblich passendes Nähgarn
- Schneiderkreide

SPITZEN-BH

1. Kontrolliert, ob der BH euch passt; er kann auch etwas zu groß sein.

2. Die Bügelbänder abtrennen.

3. Die Träger nur an den Cups abtrennen.

4. Das Gummi an den seitlichen Oberkanten bis zu den Trägern am Rücken abtrennen.

5. Den Spitzenstoff von den Schaumstoffcups abtrennen.

6. Die Naht zwischen den Cups und die gesamte Unterbrustnaht auftrennen. Damit werden die Cups komplett abgetrennt.

7. Die Außenkanten der Spitzencups 2 cm vom Rand entfernt abschneiden.

8. Die Metallbügel aus dem Bügelband herausholen.

9. Aus dem Bügelband zwei Stücke zuschneiden, die so lang sind wie die Seitenkanten der Cups. Diese beiden Stücke dienen als Einfassung.

Wäsche

10. Die Einfassungen links auf rechts auf die Seitenkanten der Cups stecken und im Geradstich mit kleiner Stichlänge annähen.

11. Die Einfassung auf links umschlagen und 3 mm vom Rand entfernt im Geradstich mit kleiner Stichlänge festnähen.

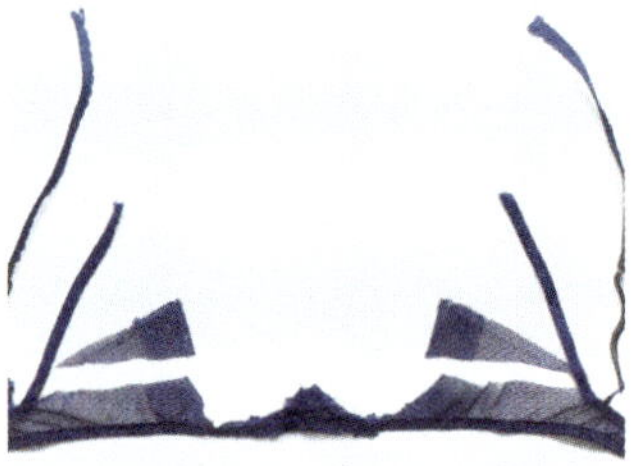

12. Den Tüll der Seitenteile waagerecht durchschneiden, 1 cm oberhalb der Oberkante des Tülls im Bereich des BH-Verschlusses.

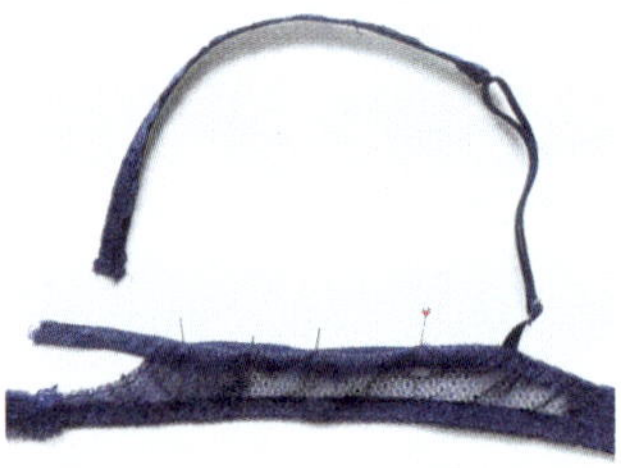

13. Die Oberkante des so zugeschnittenen Tülls 1 cm breit nach innen umschlagen und das Gummi darauf feststecken.

14. Das Gummi im Trikotstich (Mehrfach-Zickzackstich) oder Zickzackstich annähen, dann das überstehende Gummi abschneiden.

15. Die Unterkante der Spitze 2 cm vom Rand der Jersey-Cups auflegen und die Linie der Kante auf den Jersey-Cups aufzeichnen.

16. Die entsprechenden Streifen entlang dieser Linie von der Unterkante der Jersey-Cups abschneiden.

17. Die Spitzen-Cups und die Jerseystreifen links auf rechts an die Unterbrustpartie des BHs stecken. Die Partie aus Cup und Jerseystreifen steht an den Außenseiten ein Stück über.

18. Den überstehenden Stoff abschneiden, sodass die Cups glatt an die Unterbrustpartie passen.

19. Den Jerseystreifen zweimal 5 mm breit nach unten umschlagen – so bekommt der BH mehr Halt und sitzt besser unter der Brust. Im Geradstich mit kleiner Stichlänge knappkantig festnähen.

20. Die vorderen Träger auf rechts wieder oben an die Cups nähen.

21. Falls euer ursprünglicher BH vorn ein kleines Schleifchen hatte wie hier, könnt ihr dieses als i-Tüpfelchen wieder in der Mitte zwischen den Cups annähen.

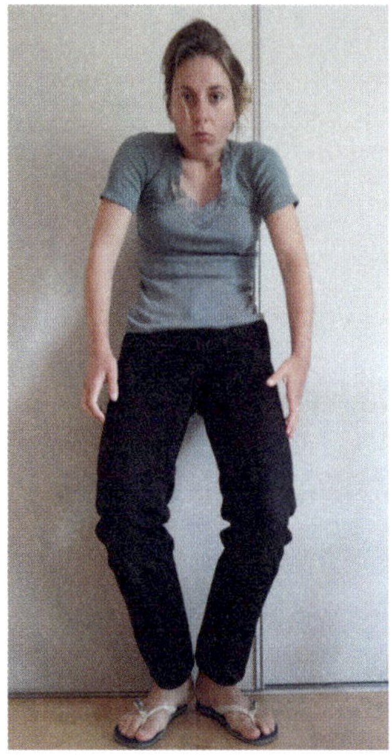

Kleidungsstück
Eng anliegendes Stretch-T-Shirt

Material
- Nahttrenner
- Schere
- Stecknadeln
- Nähmaschine
- Farblich passendes Nähgarn
- Schneiderkreide
- Zwillingsnadel (siehe Tipp)
- Bequemer Slip, der als Vorlage dient

Tipp
Mit der Zwillingsnadel angefertigte Nähte sind leicht elastisch. Wenn ihr keine Zwillingsnadel habt, könnt ihr den Zickzackstich verwenden.

GEKNOTETER BODY

1. Kontrolliert, ob das T-Shirt wirklich elastisch ist und eng anliegt.

2. Die Ärmel knapp entlang der Naht abschneiden. Einen u-förmigen Ausschnitt ausschneiden (so tief, wie ihr ihn gern hättet). Die Schulternähte aufschneiden.

3. Mithilfe des aus dem vorderen Ausschnitt geschnittenen Stoffrests das Rückendekolleté zuschneiden. Dazu die oberen Enden des Stoffrests in Höhe der Achseln auflegen.

4. Die aus dem Rücken ausgeschnittene Partie zuerst längs, dann quer falten (4 Stofflagen).

5. Die Bruchkanten markieren und anhand der Markierungen die Partie in vier Teile schneiden.

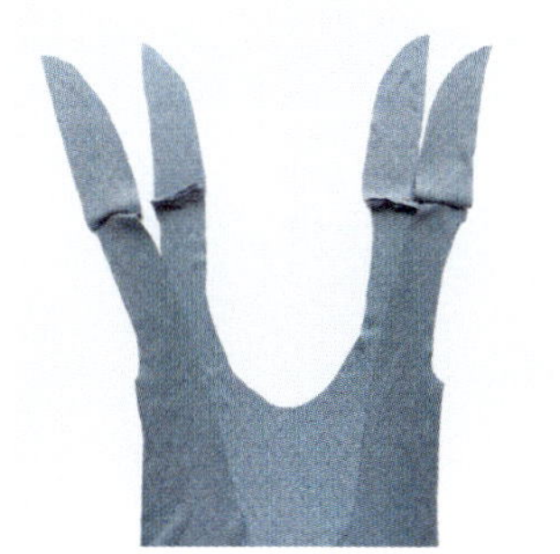

6. Die vier Teile rechts auf rechts an die offenen Kanten der Schultern stecken. Die Spitzen liegen außen, die rechte und linke Seite sind symmetrisch.

7. Die vier Träger im Geradstich zusammennähen und die Nahtzugaben auseinanderbügeln.

8. Die Kanten des u-förmigen Rückendekolletés bis zu den Trägerspitzen etwa 1 cm breit nach innen umschlagen und von rechts mit der Zwillingsnadel festnähen.

9. Am vorderen Ausschnitt ebenso vorgehen.

Wäsche

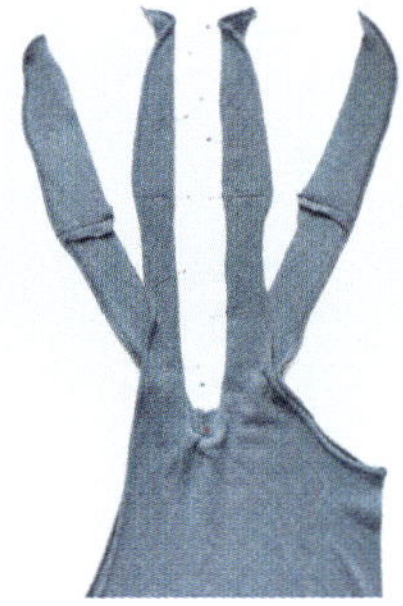

10. Auch an den Armausschnitten genauso vorgehen, diesmal jedoch die Spitzen etwas breiter umschlagen.

11. Den überstehenden Stoff der Spitzen abschneiden, sodass saubere Kanten entstehen.

12. Das T-Shirt 10 cm unterhalb des tiefsten Punkts des hinteren »U« (Rückenausschnitt) waagerecht durchschneiden.

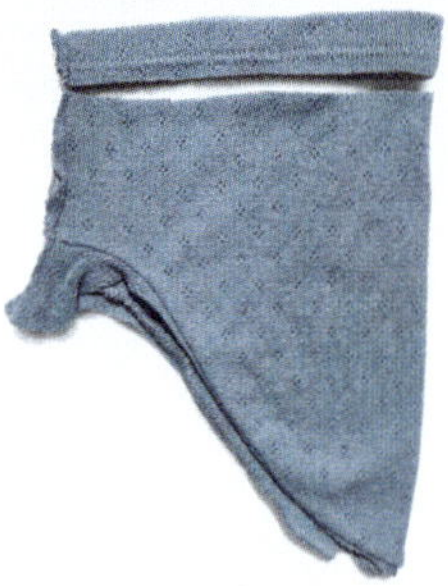

13. Den Saum eines der zuvor abgeschnittenen Ärmel abschneiden.

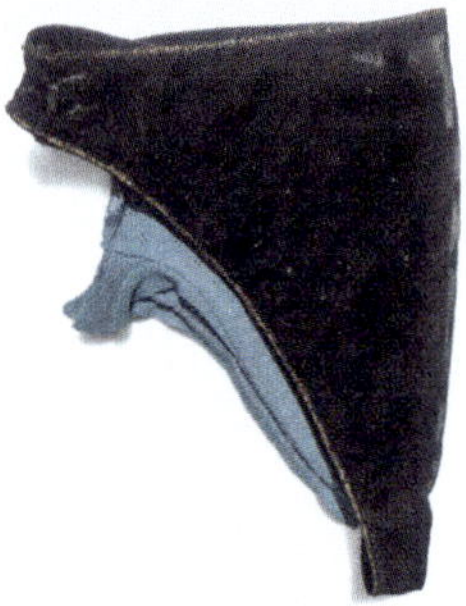

14. Einen passenden Slip in der Mitte falten (Seiten aufeinander), die gefaltete Kante an die längste Seite des Ärmels legen und die innere Umrisslinie mit Schneiderkreide nachzeichnen.

15. Beide Stofflagen mit 1 cm Saumzugabe außerhalb der Linie von unten bis einschließlich der kürzesten Seitenkante des Ärmels (im Bild links) durchschneiden.

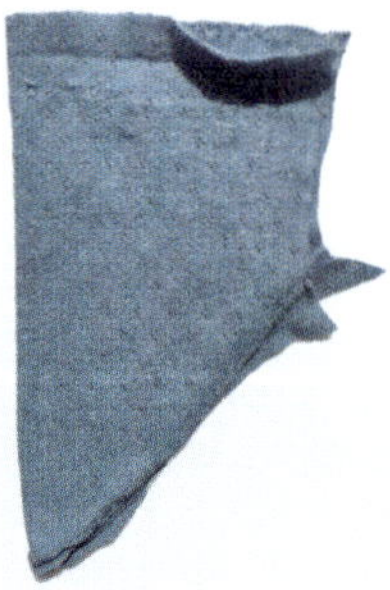

16. Am zweiten Ärmel die Ärmelnaht aufschneiden und den Saum mit dem Nahttrenner auftrennen.

17. Den diesmal am Vorderteil gefalteten gleichen Slip an die längere Kante des Ärmels legen. Dabei beachten, dass der Beinausschnitt des Vorderteils länger ist, weil er die Schrittpartie zwischen den Beinen enthält. Den Umriss aufzeichnen.

18. 1 cm außerhalb der eingezeichneten Linie zuschneiden.

19. Die Ärmel auseinanderfalten, dann die Partien im Schritt rechts auf rechts aufeinanderlegen und mit einer Nadel im kleinen Geradstich zusammennähen.

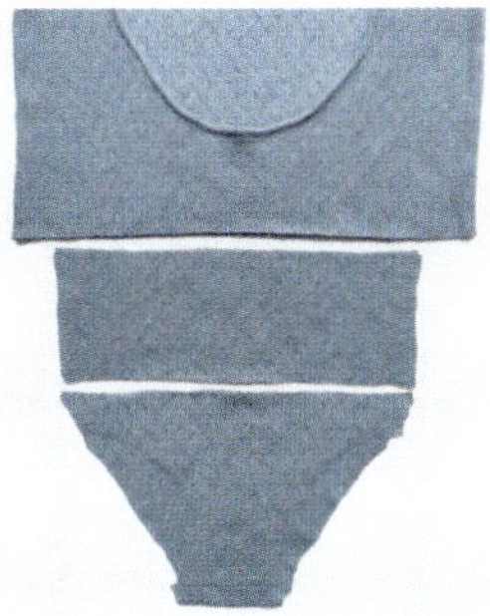

20. Den unteren Saum des T-Shirts abschneiden, dann zwei etwa 12 cm hohe Rechtecke zuschneiden, die genauso breit sind wie die Oberkante des Slips.

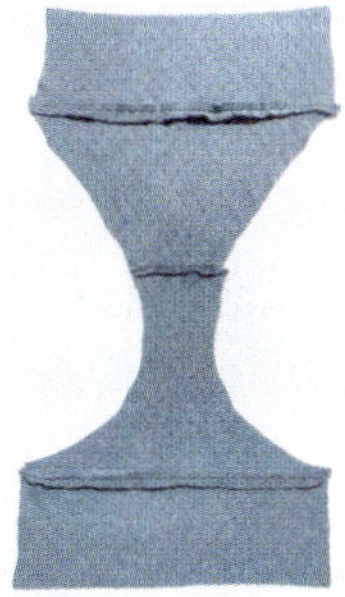

21. Die Rechtecke rechts auf rechts im Geradstich an die vordere und hintere Oberkante des Slips nähen. Die Nahtzugaben auseinanderbügeln.

22. Die Schmalkanten der Rechtecke rechts auf rechts zusammennähen, dabei die Nähte 2 cm vor der Naht des Slips beenden.

23. Den auf rechts gewendeten Slip in das auf links gewendete Oberteil des Bodys schieben, sodass das obere und untere Rückenteil sowie das obere und untere Vorderteil des Bodys jeweils rechts auf rechts liegen.

24. Die obere Partie und den Slip zusammenstecken. Die Seitennähte sowie die vordere bzw. hintere Mitte liegen genau aufeinander. So kann die Dehnung, die sich aus der unterschiedlichen Weite der Partien ergibt, gleichmäßiger verteilt werden.

25. Im Geradstich rings um die Taille zusammennähen, dabei den Stoff des Slips dehnen, damit der Stoff der oberen Partie keine Falten wirft und damit der Body in der Taille etwas enger sitzt. Dann die Nahtzugaben auseinanderbügeln.

26. Den fast fertigen Body auf rechts wenden. Die Kanten der Beinausschnitte 1 cm breit nach innen umschlagen und mit der Zwillingsnadel festnähen; dabei jeweils am Schritt beginnen und enden.

27. Jetzt kommt der schönste Moment: den Body anprobieren und auf den Schultern verknoten. Maßgeschneidert!

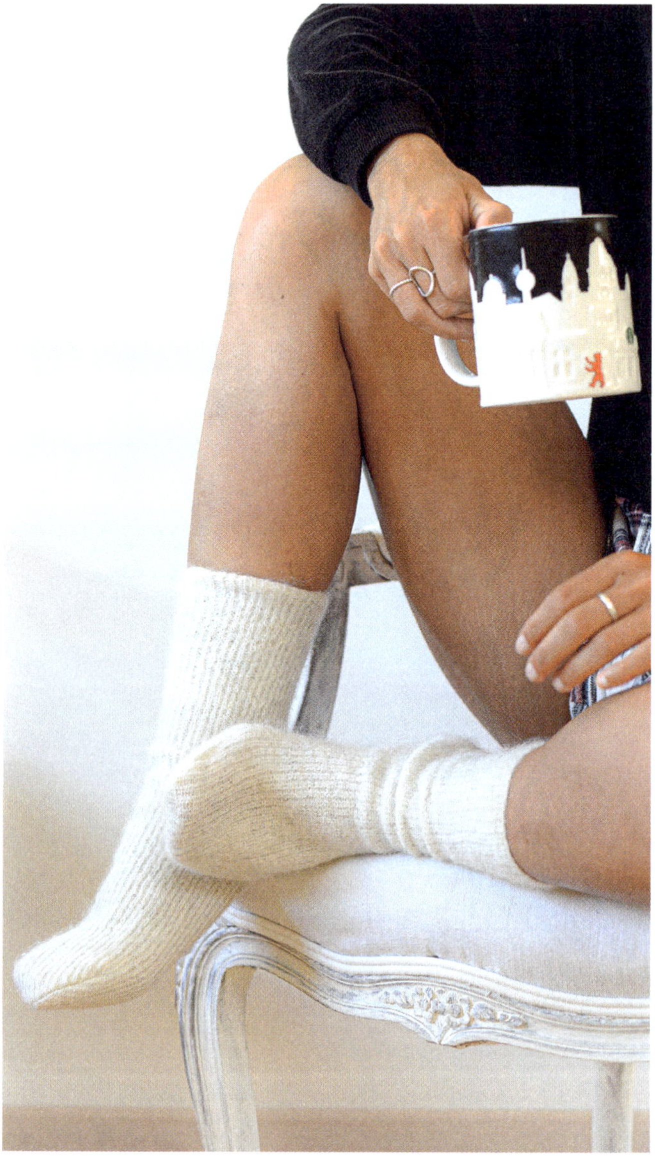

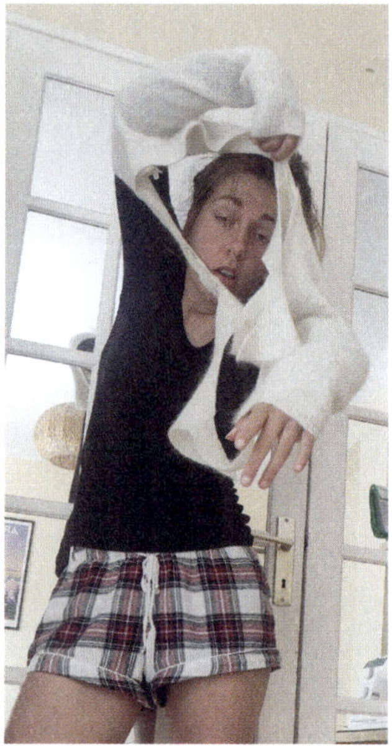

Kleidungsstück

Die Ärmel eines Pullovers oder Langarmshirts

(Hier haben wir die Stoffreste der Baskenmütze verwendet, siehe S. 142)

Material

- Schere
- Stecknadeln
- Nähmaschine
- Farblich passendes Nähgarn
- Schneiderkreide

SOCKEN

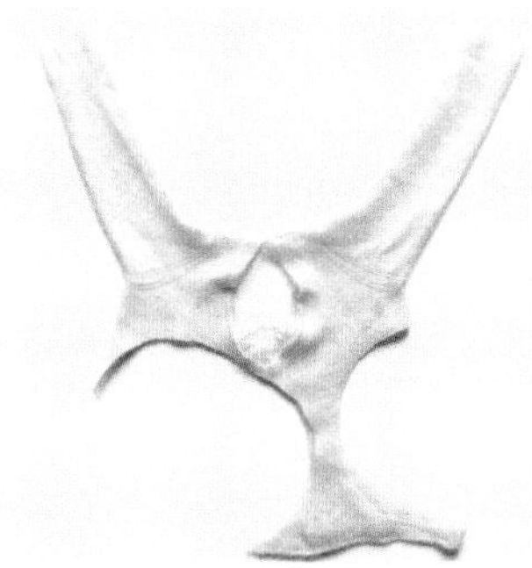

1. Mit den Füßen in die Ärmel schlüpfen (an der Bündchenseite) und festlegen, wie hoch die Socken am Knöchel sein sollen.

2. 1 cm jenseits der Zehenspitzen waagerecht durchschneiden.

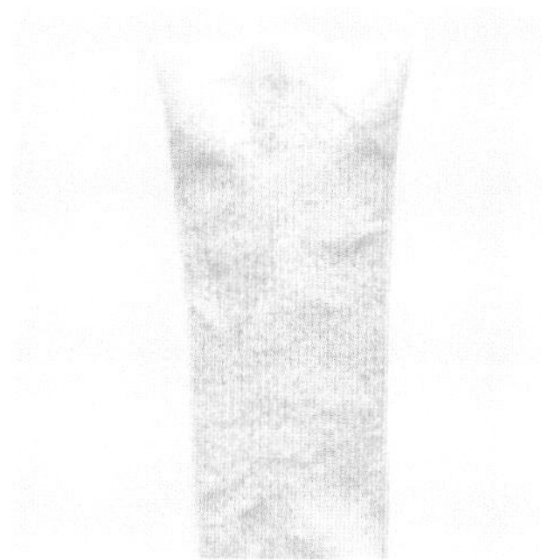

3. Ärmel auf links wenden und mit Schneiderkreide die Zehenspitzen markieren.

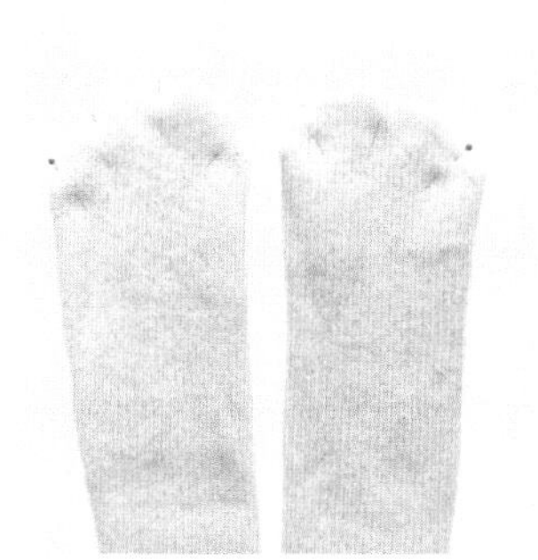

4. Mit 1 cm Nahtzugabe entlang dieser Linie zuschneiden, dann beide Fußspitzen abstecken.

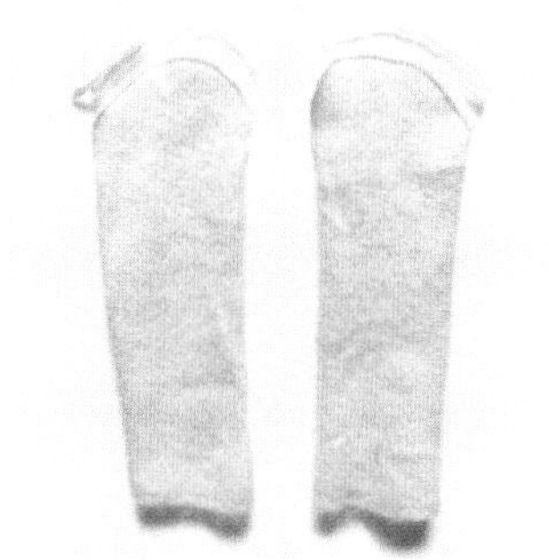

5. Den Strickstoff im sehr dichten Geradstich zusammennähen, dann den überstehenden Stoff knapp an der Naht abschneiden, sodass er möglichst wenig aufträgt.

6. Die Socken auf rechts wenden und anziehen.

Kleidungsstück
Pulli oder Sweatshirt ohne Kapuze

Material
- Nahttrenner
- Schere
- Stecknadeln
- Nähmaschine
- Farblich passendes Nähgarn
- Schneiderkreide
- Kurvenlineal oder Schneiderkurve
- Bügeleisen
- Zwillingsnadel (optional)

PYJAMAHOSE

1. Den Pulli an die Hüften halten, um zu sehen, ob er weit genug für eine Hose ist. Das Material muss etwas elastisch sein.

2. Unter den Achseln waagerecht durchschneiden. Die obere Partie um 180° drehen und so unter die untere Partie schieben, dass die offenen Kanten aufeinanderliegen und die untere Partie die Hälfte der oberen bedeckt (siehe Bild 3).

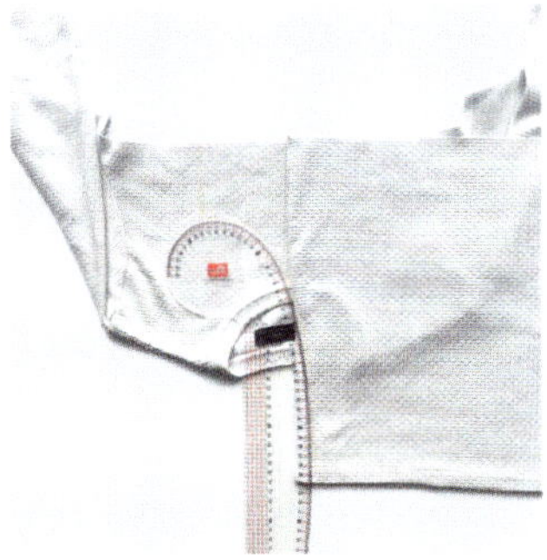

3. Mithilfe des Kurvenlineals die hintere Schrittkante aufzeichnen. Hier ist das Schrittteil, das aus dem Oberteil des Pullis zugeschnitten wird, 10 cm breit und 15 cm hoch. Ihr könnt die Schrittkante anpassen, indem ihr die Schrittnaht einer Shorts abmesst, die euch gut passt.

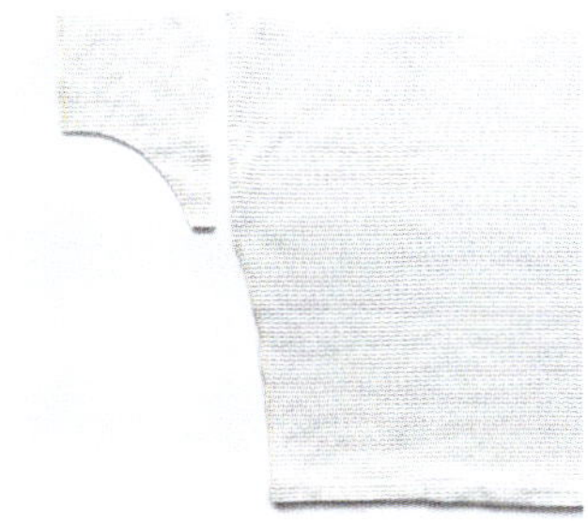

4. 1 cm außerhalb eurer Linie beide Stofflagen des Schrittteils sowie die leicht geschwungene Linie an der Seitenkante der unteren Partie des Pullis durchschneiden.

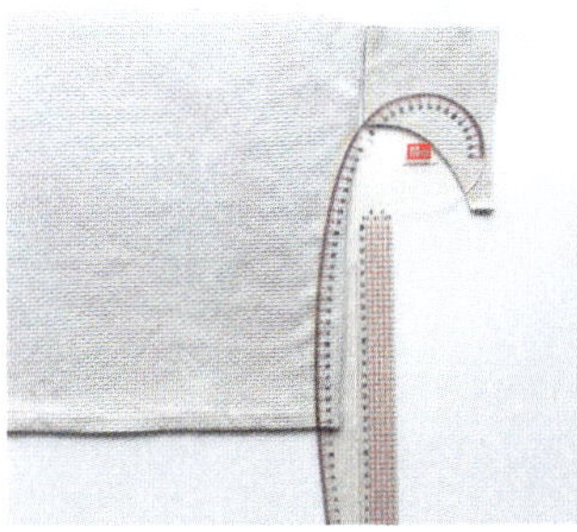

5. Die zweite Stofflage des Schrittteils an der anderen Seite des unteren Pulloverteils anlegen und die vordere Schrittkante aufzeichnen. Diese beginnt unten an der kurzen senkrechten Kante und endet 2 cm innerhalb der Seitennaht am unteren Saum.

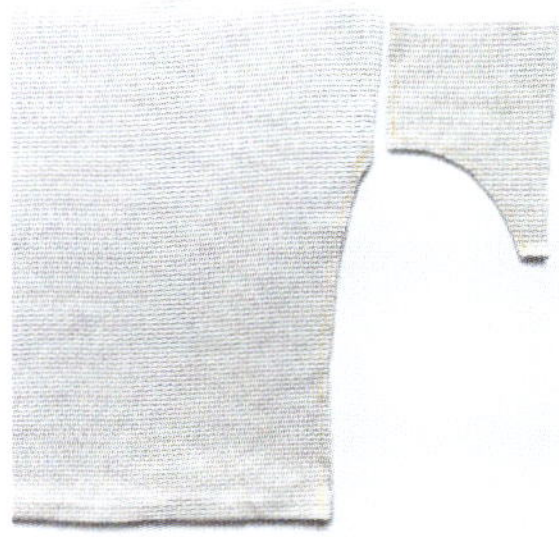

6. 1 cm außerhalb der Linie zuschneiden.

7. Mit dem Nahttrenner die beiden Enden der größeren Teile voneinander trennen. Die entstandenen Teile sind das linke Hosenbein (auf rechts) und das rechte Hosenbein (auf links).

8. Beide Teile so drehen, dass die rechte Stoffseite oben liegt und der Saum nach oben zeigt. Die langen Kanten der Schrittteile rechts auf rechts an die hintere Schrittkante stecken.

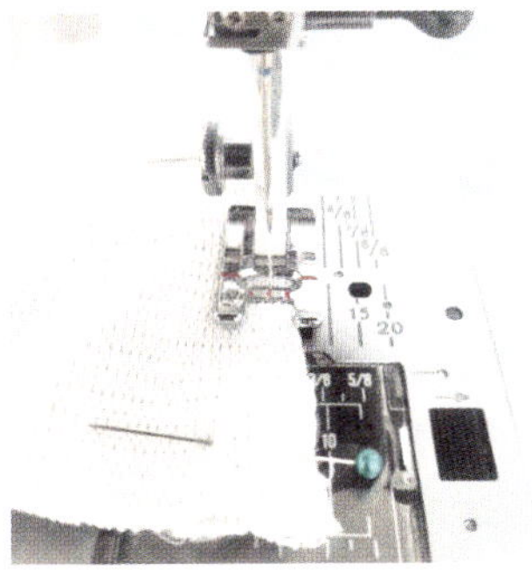

9. Die Strecke im Geradstich zusammennähen.

Wäsche

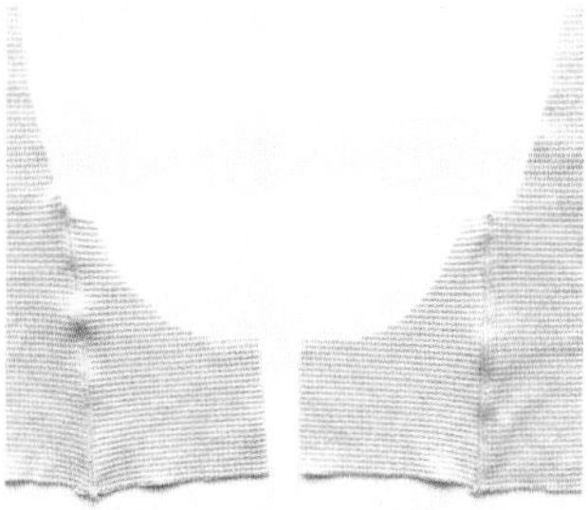

10. Die Schrittteile nach außen umschlagen und die Nähte absteppen, um die Nahtzugaben zu befestigen.

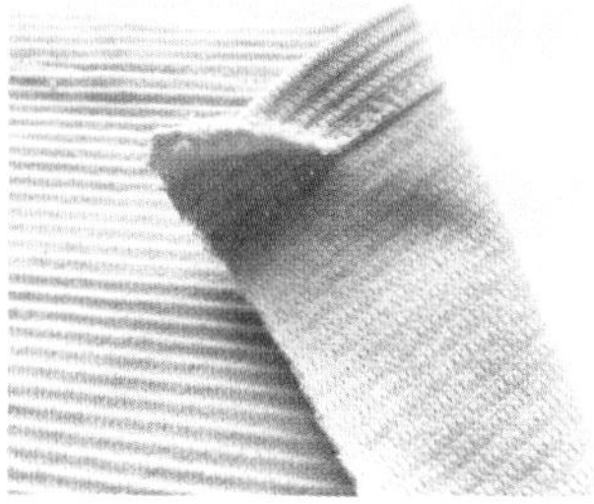

11. Die Enden der Säume 3 cm weit auftrennen.

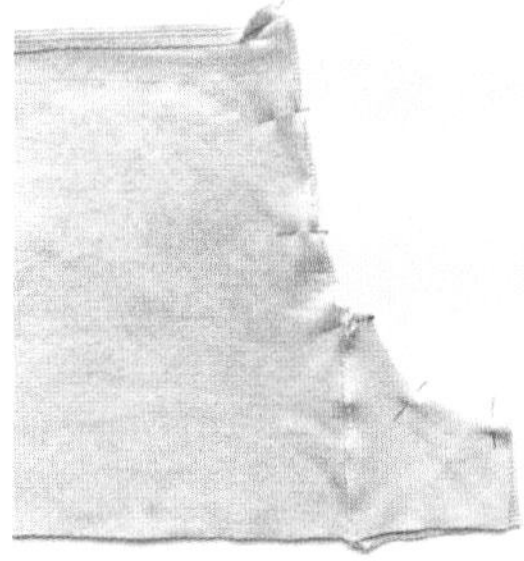

12. Beide Teile rechts auf rechts aufeinanderlegen und entlang der hinteren Schrittnaht zusammenstecken, dabei den oberen Saum aufklappen.

13. Vor dem Nähen kontrollieren, ob die Nähte genau aufeinanderliegen.

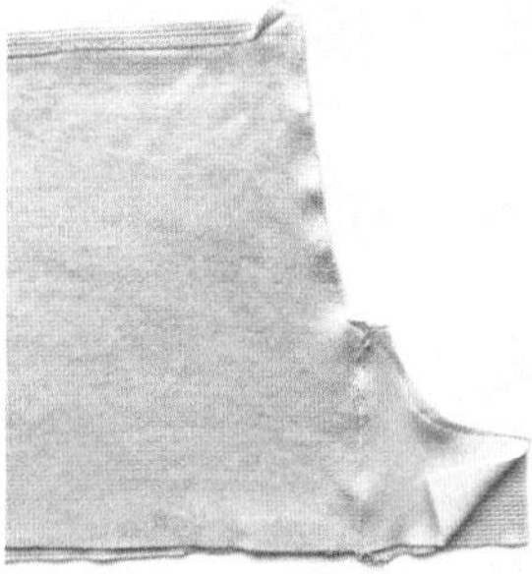

14. Im Geradstich entlang der hinteren Schrittkante nähen.

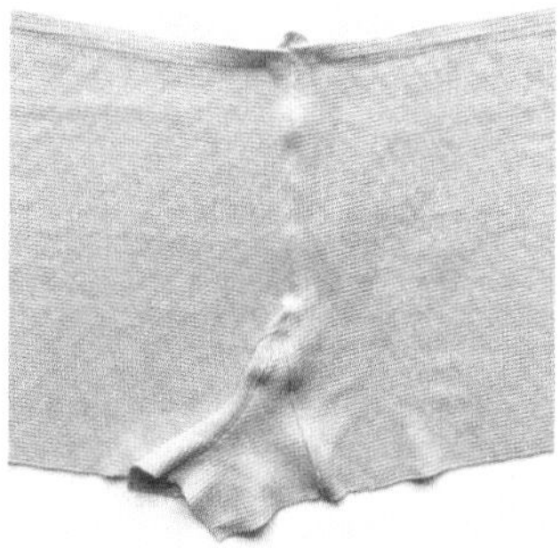

15. Die Schrittnaht auf einer Seite absteppen.

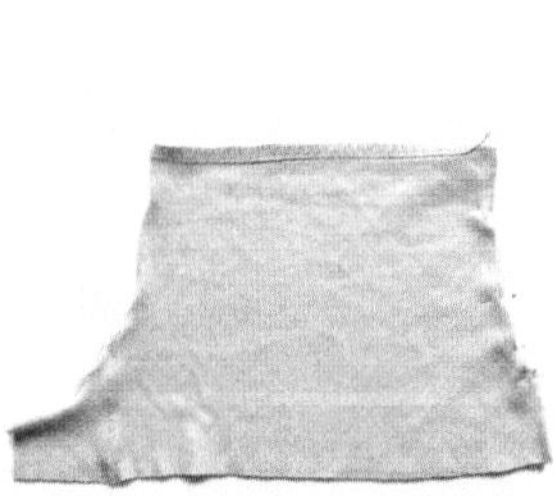

16. Die vordere Schrittkante abstecken, dabei den oberen Saum aufklappen. Im Geradstich zusammennähen.

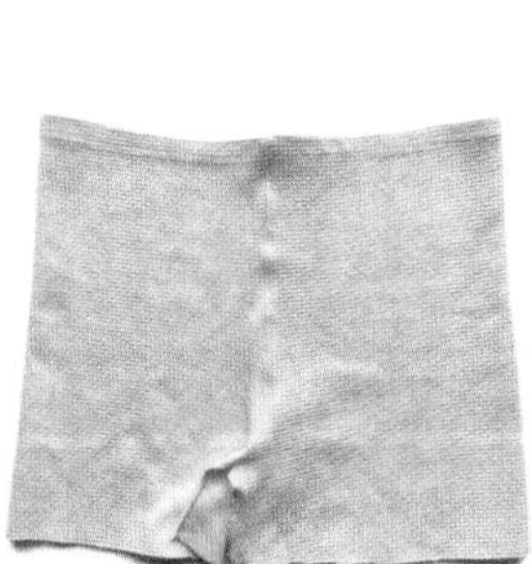

17. Auch die vordere Schrittnaht auf einer Seite absteppen.

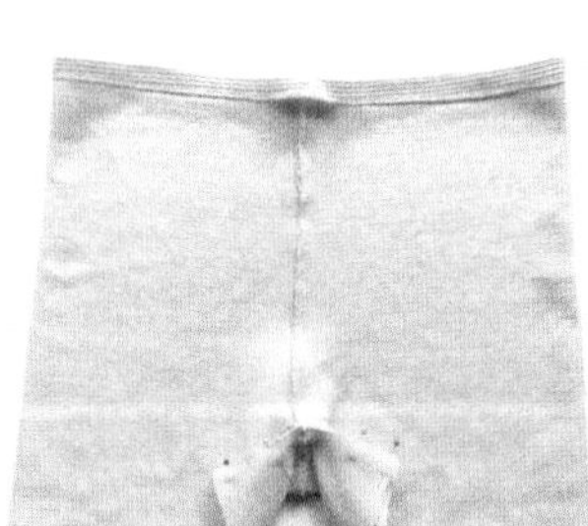

18. Die Shorts auf links wenden und die offenen Kanten im Schritt rechts auf rechts zusammenstecken.

19. Den Schritt im Geradstich zusammennähen.

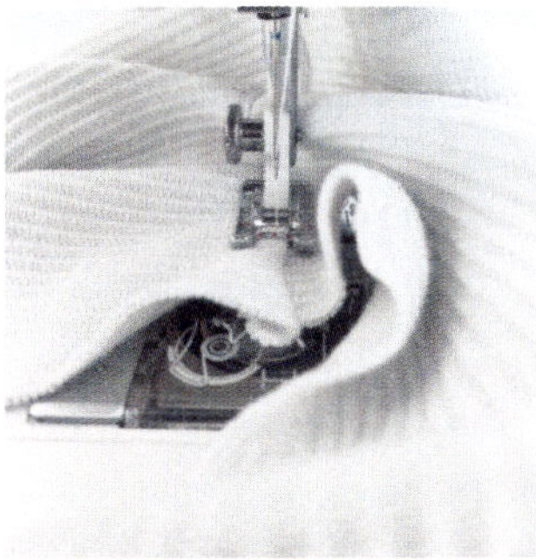

20. Auch diese Naht auf einer Seite absteppen, um die Nahtzugaben zu befestigen.

21. An den Hosenbeinen einen 1 cm breiten Saum nach links umschlagen. Wenn ihr eine Zwillingsnadel habt, genügt ein Umschlag, ansonsten für einen klassischen Saum den Stoff zweimal 5 mm breit umschlagen.

22. Den Saum der Hosenbeine von rechts festnähen.

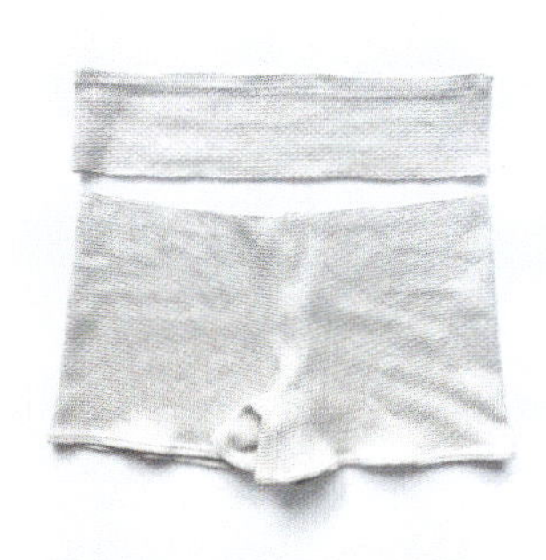

23. An der Oberkante der Shorts waagerecht einen 10 cm breiten Streifen abschneiden. Den Saum auftrennen.

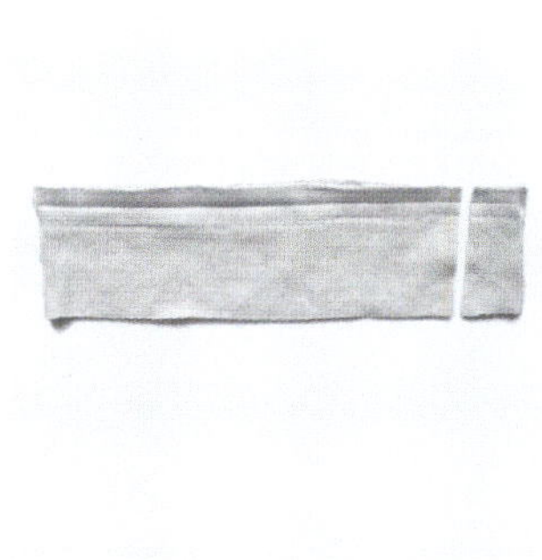

24. In diesen Schlauch hineinschlüpfen, ihn um die Taille legen und etwas straff ziehen, damit der Bund später enger sitzt. Überstehenden Stoff mit Schneiderkreide markieren. Überstehenden Stoff abschneiden und den Schlauch im Geradstich wieder zusammennähen.

25. Die Oberkante des Schlauchs links auf links auf die Unterkante umschlagen und den Schlauch über die auf links gewendete Shorts stülpen, sodass die offenen Kanten von Bund und Shorts genau aufeinanderliegen. Ringsum feststecken, dabei die Mehrweite der Shorts gleichmäßig verteilen.

26. Im Geradstich rings um die Taille zusammennähen, dabei den Bund etwas dehnen, damit er später straffer sitzt und damit keine Falten an der Shorts entstehen.

27. Die Shorts auf rechts wenden und die Säume dämpfen – durch den Dampf ziehen sich die Nähte der Bündchenware und des Jerseys wieder zusammen. Fertig!

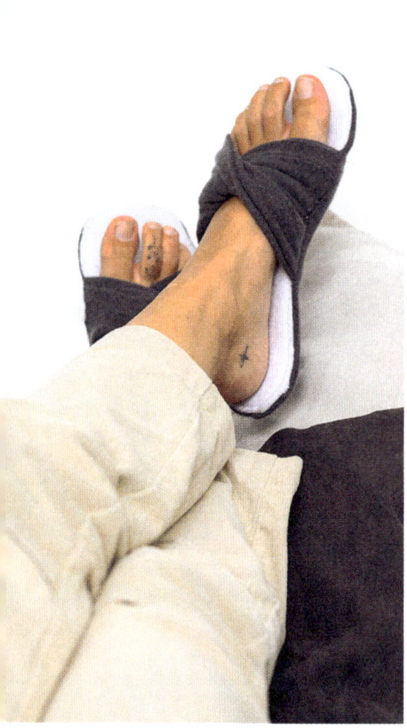

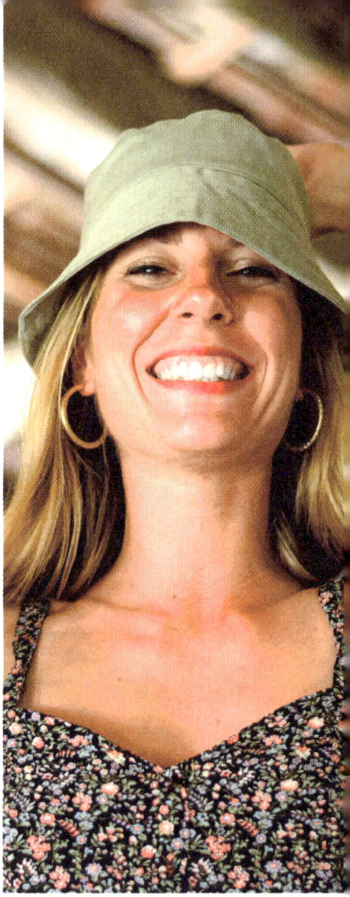

ACCESSOIRES

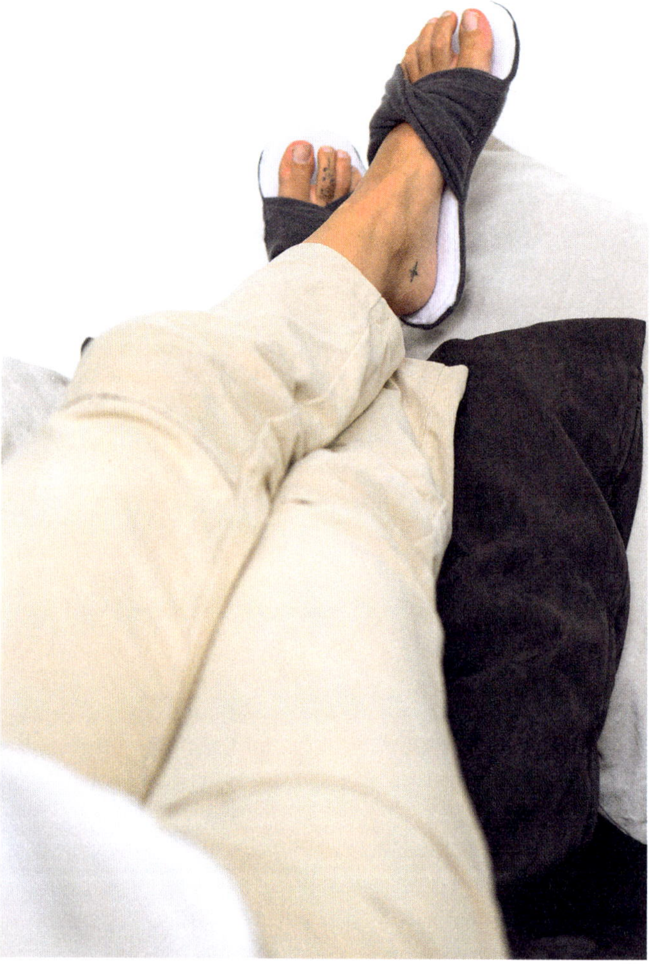

HAUS-SCHLAPPEN

Kleidungsstück
Pulli + Hotelslipper

Material
- Nahttrenner
- Schere
- Stecknadeln
- Nähmaschine
- Farblich passendes Nähgarn
- Schneiderkreide

Tipp
Falls die Hotelslipper zu groß sind, in Schritt 3 die Sohle auf eure Schuhgröße zurechtschneiden (orientiert euch dabei an euren Schuhen).

Variante
Statt des Pullovers ein altes Frottee-handtuch verwenden – so werden die Schlappen perfekt, um nach dem Duschen hineinzuschlüpfen!

1. Statt des Pullis könnt ihr auch eine langärmlige Strickjacke verwenden.

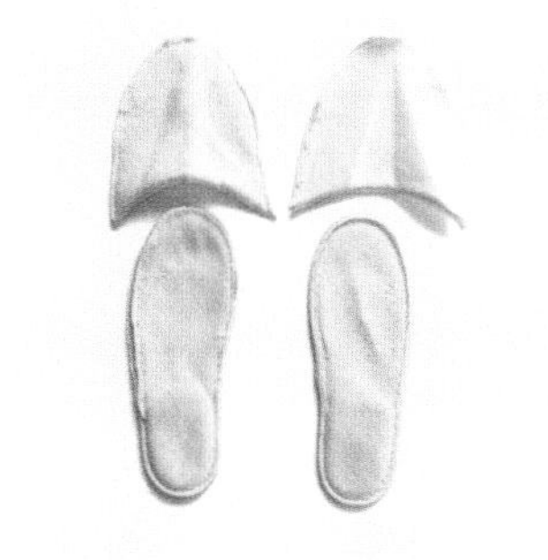

2. Die obere Partie der Hotelslipper abtrennen.

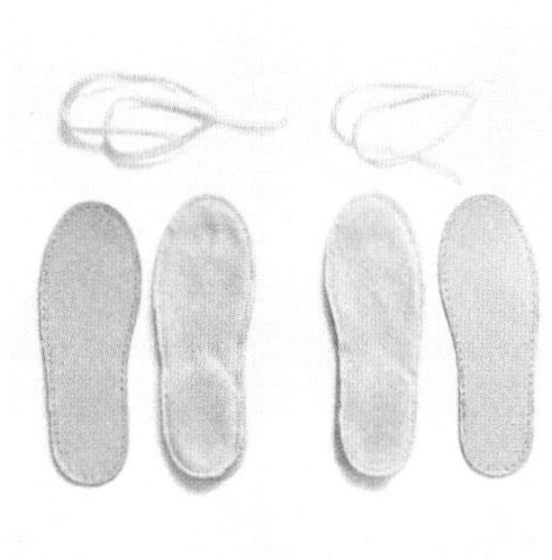

3. Die Einfassung rings um die Sohle abtrennen und, falls vorhanden, die Innensohle aus Pappe herausziehen.

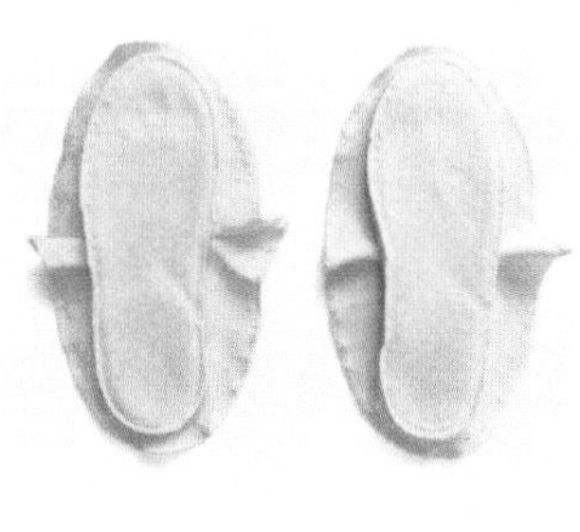

4. Die obere Partie der Slipper auseinanderfalten und unter die Sohlen legen. Den Umriss der Sohlen mit Schneiderkreide aufzeichnen.

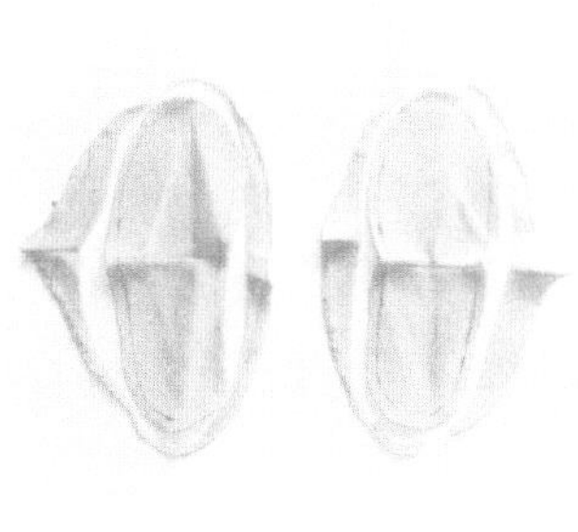

5. Mit 1 cm Nahtzugabe rings um die Linien ausschneiden.

6. Den Pullover flach hinlegen und die beiden eben zugeschnittenen Teile auf den Pullover legen.

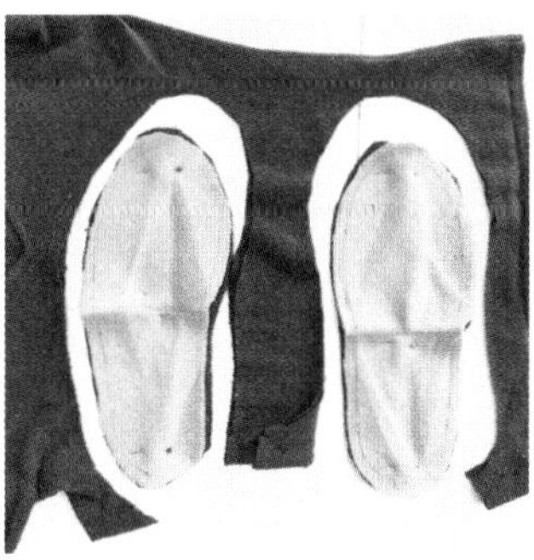

7. An beiden Lagen des Pullis feststecken und ringsum ausschneiden. Diese Teile werden die Sohlen.

8. Die Ärmel des Pullovers ab den Achseln gerade abschneiden. Wenn der Pulli sehr dick ist, die Ärmel nochmals auf halber Höhe durchschneiden und die näher an der Schulter gelegene Partie, die meist breiter ist, behalten – in dem Fall geht es weiter mit Schritt 10.

9. Die Ärmelbündchen abschneiden (falls vorhanden) und die Ärmel falten, sodass die kurzen Seiten aufeinanderliegen.

Accessoires

10. Die vier aufeinanderliegenden offenen Kanten zusammen im Zickzackstich versäubern – an dem dicken Pullover die zwei offenen Kanten im Zickzackstich versäubern.

11. Die entstandenen Rechtecke in der Mitte verdrehen (dazu eine Oberkante um 180° wenden). Dies werden die gedrehten Riemen an der Oberseite der Hausschlappen.

12. Eine Lage der Sohlen aus Pulloverstoff (aus Schritt 7) seitlich hinlegen. Daneben für jeden Fuß die übrigen zwei Sohlen (je 1 aus Pullover- und Baumwollstoff) und zuoberst den auf rechts gedrehten Riemen legen.

13. Den Riemen mit der bereitgelegten Sohle aus Pulloverstoff bedecken (linke Stoffseite oben). Ringsum feststecken, außer an den Fersen.

14. Alle Lagen mit 1 cm Nahtzugabe rings um die Schlappen zusammennähen, außer an den Fersen.

15. Die Schlappen durch die Öffnungen an den Fersen auf rechts wenden.

16. Die ursprünglichen Sohlen der Hotelslipper (Schritt 3) durch die Fersenöffnung in die Schlappen schieben.

17. Die Sohlen fest bis ganz vorne in die Spitze schieben.

18. Zum Schließen der Fersenöffnungen die Kanten nach innen umschlagen und feststecken.

19. Rings um die Fersen knappkantig zusammensteppen.

20. Auch die gesamte vordere Partie der Schlappen knappkantig absteppen, damit die Sohle ringsum einheitlich aussieht. Zugleich wird so die hineingeschobene Sohle befestigt.

21. Upcycling bis in die Fußspitzen!

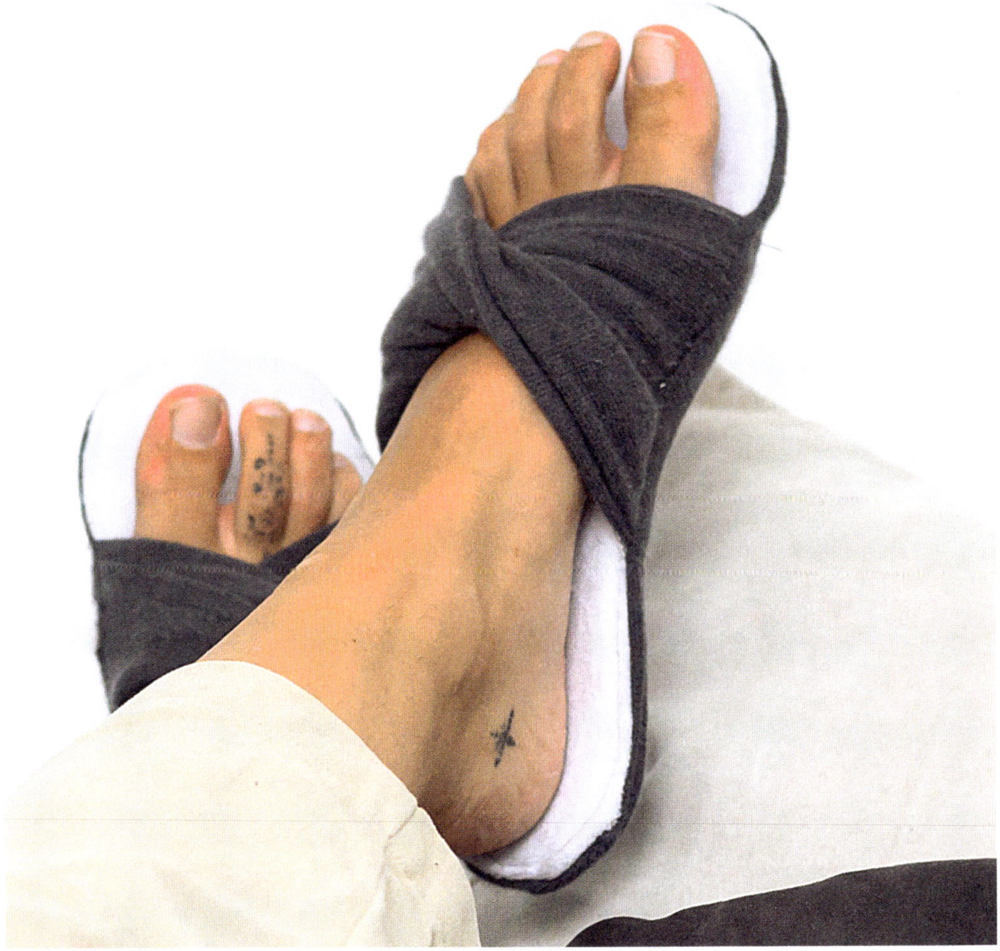

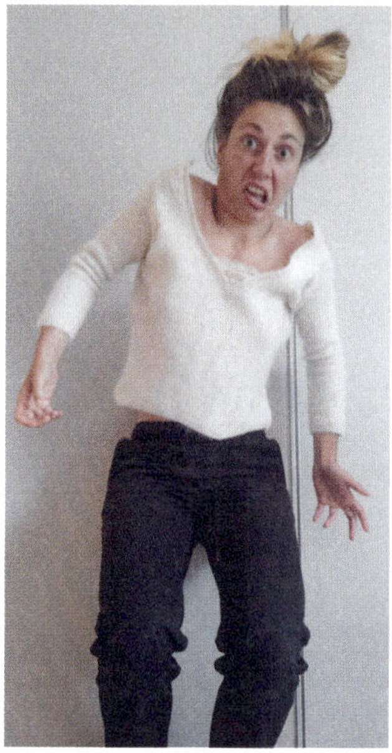

Kleidungsstück
Verfilzter Pullover

Material
- Schere
- Stecknadeln
- Nähmaschine
- Farblich passendes Nähgarn
- Packpapier (40 x 40 cm)
- Filzstift
- Maßband

Info
Dieses Modell hat sich ergeben, um aus einem Waschunfall noch das Beste zu machen.
Ihr könnt aber einen Pullover auch absichtlich verfilzen lassen. Dazu müsst ihr ihn nur bei 60° in der Waschmaschine waschen.

BASKENMÜTZE

1. Das Packpapier auf ein Viertel zusammenfalten, dann mit Filzstift an mehreren Punkten einen Viertelkreis mit einem Radius von 14 cm markieren (ab der geschlossenen Spitze gemessen).

2. Die Punkte mit Filzstift verbinden, dann alle vier Papierlagen entlang der Linie ausschneiden.

3. Den Pullover ausbreiten; dabei müssen die Seitennähte trotz der Verformung durch das Verfilzen genau parallel liegen.

4. Das in Schritt 2 ausgeschnittene Papier auseinanderfalten und möglichst dicht an einer der Seitennähte auf den Pullover stecken.

5. Beide Lagen des Pullovers rings um das Papier zuschneiden.

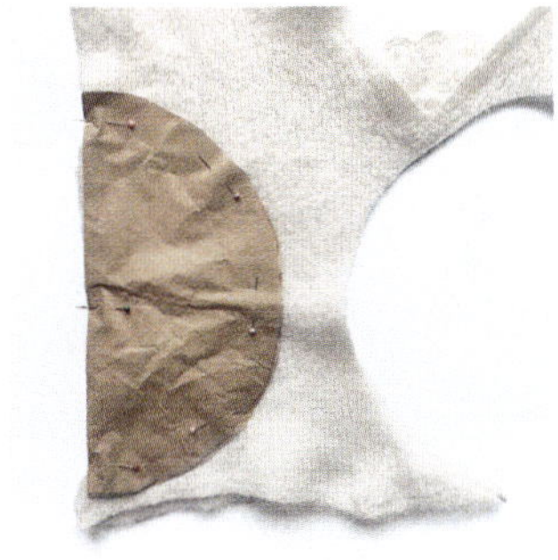

6. Das runde Papier zur Hälfte falten und an die andere Seitennaht des Pullovers stecken.

7. Beide Stofflagen entlang des Papiers zuschneiden.

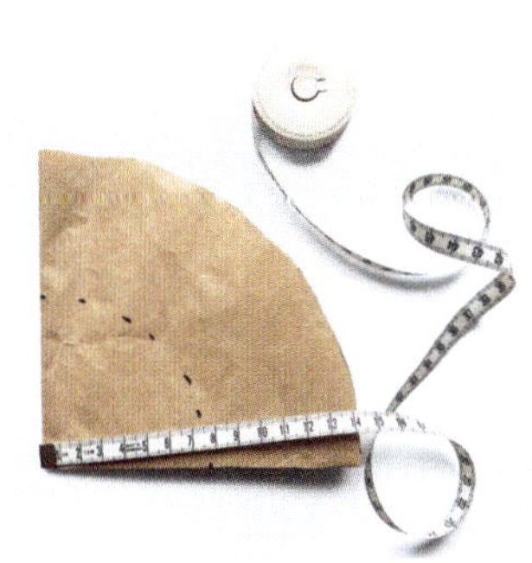

8. Das Papier wieder vierteln und im Abstand von 7 cm (bei kleinem Kopfumfang 6 cm) ab der geschlossenen Spitze eine gestrichelte Linie aufzeichnen.

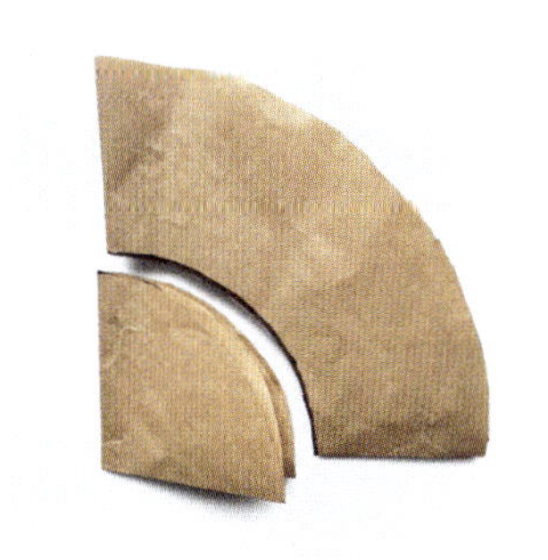

9. Die Punkte mit Filzstift verbinden und alle vier Papierlagen an dieser Linie durchschneiden.

10. Den großen Papierkreis wieder auseinanderfalten und auf einen der beiden Stoffkreise ohne Naht legen. Den inneren Kreis ausschneiden.

11. An dem Stoffkreis, der die Seitennaht des Pullovers enthält, ebenso vorgehen.

12. Den äußeren Stoffring ohne Naht rechts auf rechts auf den Stoffkreis ohne Naht stecken. Für eine schöne Optik, beide Teile in der gleichen Maschenlaufrichtung aufeinanderlegen!

13. Im Geradstich 5 mm vom Rand entfernt zusammennähen.

14. Einmal rundherum nähen.

15. Die »Beinahe-Baskenmütze« auf rechts wenden.

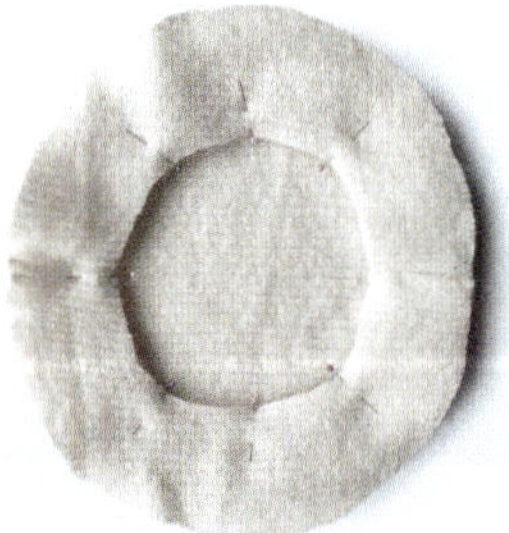

16. Die Innenkante des Rings, der die Seitennaht enthält, an die Innenkante der »Beinahe-Baskenmütze« stecken.

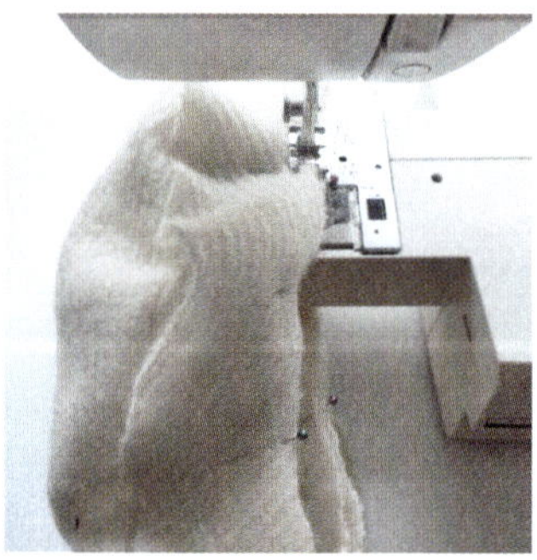

17. Beide Stofflagen 5 mm vom Rand entfernt zusammennähen.

18. Die Baskenmütze auf links wenden, mit der Innenseite nach oben hinlegen und die eben angenähte dritte Stofflage leicht nach außen ziehen.

19. Die Baskenmütze umdrehen, sodass die Außenseite oben liegt. Die innere, dritte Stofflage steht ringsum etwas über.

20. Den Rand der dritten Stofflage auf die Naht der Baskenmütze umschlagen. Mit reichlich Stecknadeln abstecken.

21. Ringsum im Geradstich genau auf der ersten Naht festnähen.

22. Die Baskenmütze auf rechts wenden. Die Nähte ausstreichen, damit die Kanten schön glatt liegen.

23. Aus den Stoffresten ein Rechteck von 1 x 10 cm zuschneiden und in der Mitte einen Knoten binden.

24. Die Baskenmütze auf ein Viertel falten und an der Spitze einen ganz kleinen Schnitt anbringen.

25. Die Enden des verknoteten Streifens bis fast an den Knoten durch den Schlitz schieben (der Knoten liegt außen, die Enden innen).

26. Von innen die Baskenmütze am Schlitz rechts auf rechts zusammenkneifen und eine Naht anbringen. Kontrollieren, ob wirklich alle vier Stofflagen in der Naht gefasst wurden, dann den überstehenden Stoff 1 cm neben der Naht abschneiden.

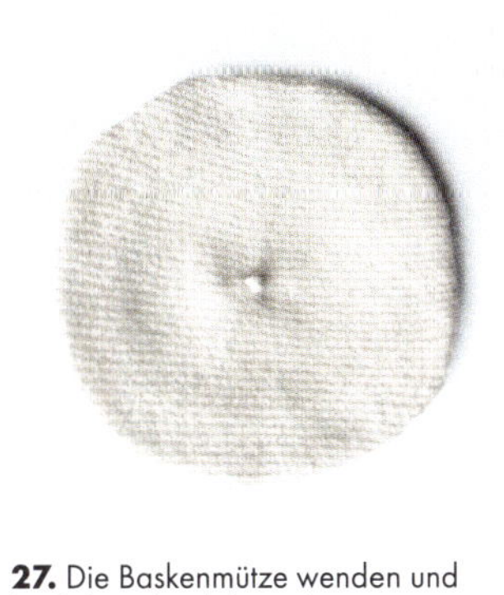

27. Die Baskenmütze wenden und leicht bügeln, dabei schön in Form ziehen.

FISCHERHUT

Kleidungsstück
Gerade geschnittene Hose

Material
- Nahttrenner
- Schere
- Stecknadeln
- Nähmaschine
- Farblich passendes Nähgarn
- Schneiderkreide
- Kurvenlineal oder Schneiderkurve

Tipps
- Einen Fischerhut könnt ihr auch aus den Stoffresten einer langen Hose anfertigen, die ihr zu Shorts abgeschnitten habt.
- Um mit einem Lineal einen Kreis aufzuzeichnen, den Mittelpunkt markieren und ab diesem Punkt ringsum im gewünschten Abstand Punkte markieren. So entsteht ein gestrichelter Kreis, dessen Punkte ihr nur noch verbinden müsst.
- Für Schritt 21, in dem vier Stofflagen zusammengenäht werden müssen, eine dicke Nadel (Stärke 100) verwenden.

1. Kontrolliert, ob die Hose weit genug ist, sodass euer Kopf in die Hosenbeine passt.

2. Beide Hosenbeine dicht unter dem Schritt waagerecht durchschneiden.

3. Eines der Hosenbeine über den Kopf ziehen und so weit nach oben umschlagen, dass die Bruchkante genau passend an eurem Oberkopf anliegt. Den Stoffbruch markieren.

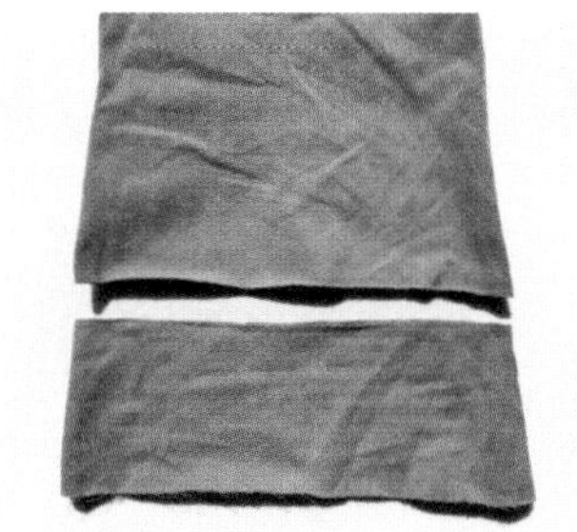

4. Das Hosenbein wieder auseinanderfalten und entlang des in Schritt 3 markierten Stoffbruchs durchschneiden. Die untere Partie wird nicht mehr benötigt.

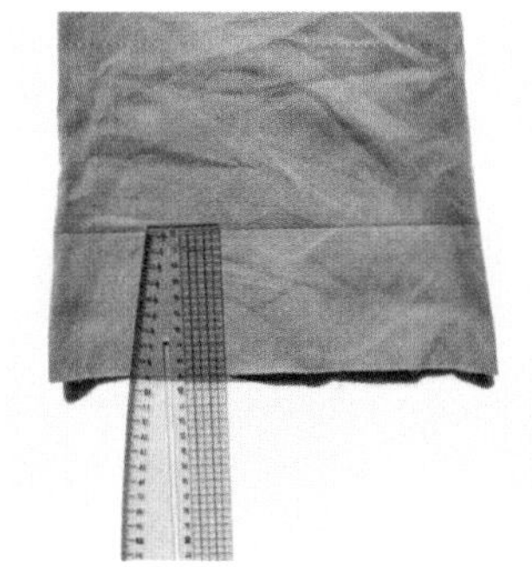

5. Das Hosenbein 9 cm oberhalb der Schnittkante waagerecht durchschneiden.

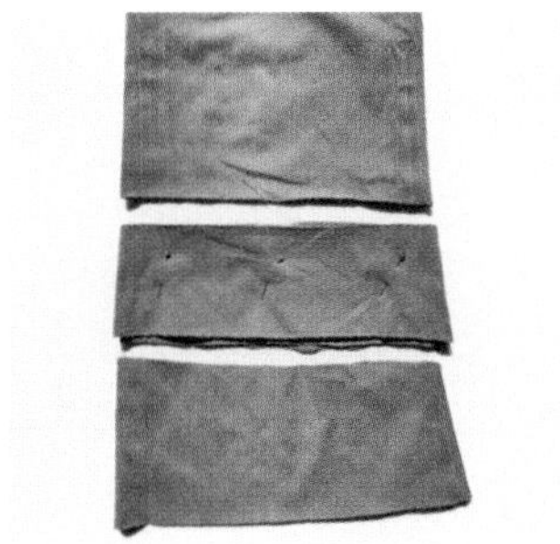

6. Die abgeschnittene Partie horizontal gespiegelt auf das andere Hosenbein stecken und exakt erneut zuschneiden.

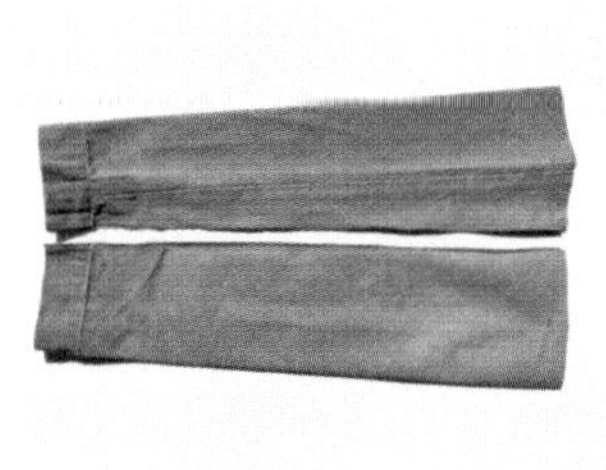

7. Den Rest eines der Hosenbeine längs in der Mitte durchschneiden und beide Hälften mit der Schnittkante aufeinander hinlegen. Die Schnittkanten der beiden schlauchförmigen Teile zeigen nach unten.

8. Eines der beiden schlauchförmigen Teile aus Schritt 6 in leichtem Bogen oben an die beiden aufeinanderliegenden langen Teile eines Hosenbeins stecken.

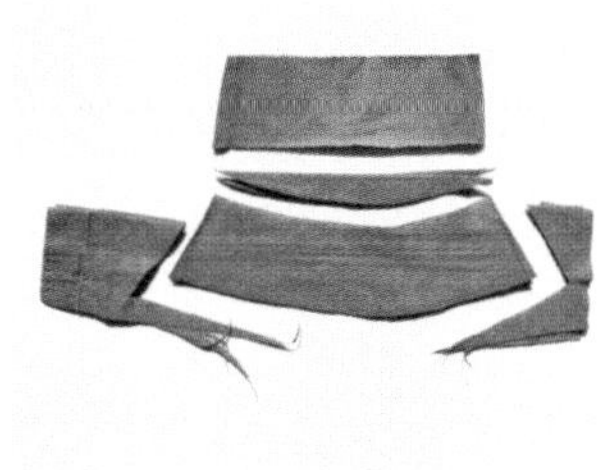

9. Ab den Außenkanten des aufgesteckten Teils einen unten abgerundeten Streifen mit seitlich ausgestellten Kanten aufzeichnen. Die Höhe des Streifens beträgt 8 cm (oder weniger für einen flacheren Hut); darin sind ringsum 1 cm Nahtzugabe enthalten.

Accessoires

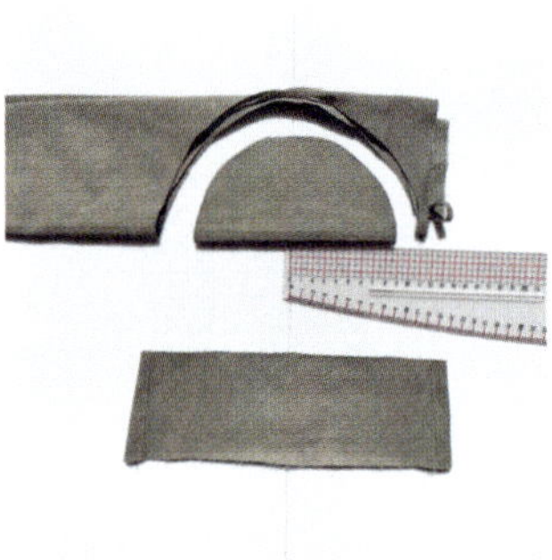

10. Das andere Hosenbein längs falten und einen Halbkreis mit dem Radius R ausschneiden. R = die Länge der kürzeren Längskante des Rechtecks (aus Schritt 6) geteilt durch π – hier 27 : 3,14 = 8,6 cm (also 17,2 cm Durchmesser).

11. Das Rechteck aus Schritt 6 zum Schlauch öffnen und den Stoffkreis rechts auf rechts an die kürzere Längskante des Schlauchs stecken.

12. Ringsum mit 1 cm Nahtzugabe zusammennähen.

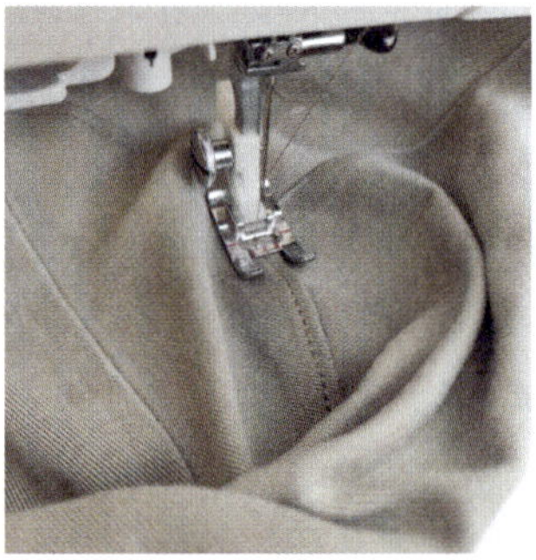

13. Optional: von der rechten Stoffseite aus die Naht des soeben eingenähten Kreises absteppen, dabei die Nahtzugaben unter die Steppnaht umschlagen und mit festnähen.

14. Das zweite Kopfteil des Fischerhuts genauso nähen. Dann eines der Kopfteile auf links wenden (rechte Stoffseite nach innen).

15. Von den vier in Schritt 9 zugeschnittenen abgerundeten Streifen jeweils zwei Streifen rechts auf rechts zusammenstecken und mit 1 cm Nahtzugabe an den Schmalkanten zusammennähen. Dies wird die Krempe des Fischerhuts.

16. Die beiden Teile rechts auf rechts so ineinanderschieben, dass die Nähte aufeinanderliegen. An der längeren Kante mit 1 cm Nahtzugabe zusammennähen.

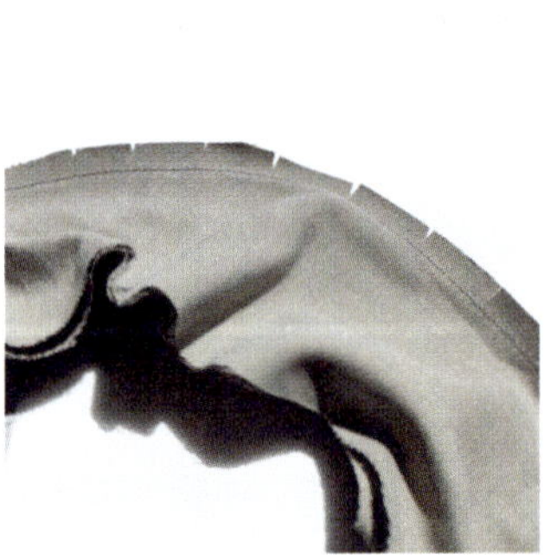

17. Die Nahtzugabe ringsum alle 3 cm ein Stückchen einschneiden (nicht bis an die Naht!).

18. Die Krempe auf rechts wenden und im Nahtbruch bügeln, sodass eine saubere Kante entsteht.

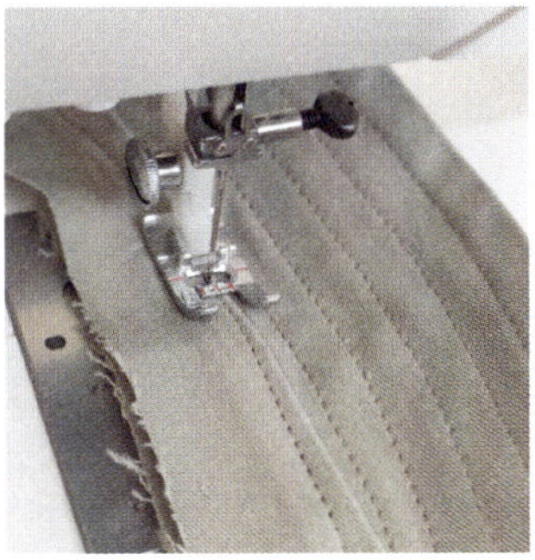

19. Rings um die gesamte Krempe im Abstand von 1 cm Steppnähte anbringen.

20. Das auf links gewendete Kopfteil in das auf rechts gewendete Kopfteil schieben und die Krempe so legen, dass die längere (= die geschlossene) Kante nach unten zeigt.

21. Die Kopfteile in die Krempe hineinschieben, sodass die offenen Kanten von Kopfteil und Krempe genau aneinanderliegen. Die Kanten zusammenstecken oder mit Klammern fixieren und im Geradstich mit 1 cm Nahtzugabe zusammennähen.

22. Die Nahtzugaben im Zickzackstich versäubern, damit sie nicht ausfransen.

23. Die Naht von rechts auf der Seite des Kopfteils absteppen, dabei die Nahtzugaben unter die Naht umschlagen.

24. Fertig ist der Fischerhut!

Kleidungsstück
Sport-Badeanzug

Material
- Nahttrenner
- Schere
- Stecknadeln
- Nähmaschine
- Farblich passendes Nähgarn
- Schneiderkreide
- Sicherheitsnadel
- Zwillingsnadel (optional)
- Bauschgarn (optional)
- Kurvenlineal oder Schneider-kurve (optional)

BADEANZUG MIT RÜCKEN-AUSSCHNITT

1. Euer Sportbadeanzug hat vielleicht eher breite Träger. Kein Problem – einfach die Einfassung der Träger abtrennen und nur diese verwenden. Die Einfassung am Ausschnitt wieder annähen.

2. Am Rücken des Badeanzugs die Seitenkanten bis 5 cm oberhalb der Hüften auftrennen.

3. Mithilfe des Kurvenlineals ab den Enden der aufgetrennten Seiten einen Kreisbogen für den Rückenausschnitt aufzeichnen.

4. 2 cm oberhalb dieser Linie zuschneiden.

5. Die Träger von der abgeschnittenen Rückenpartie abtrennen.

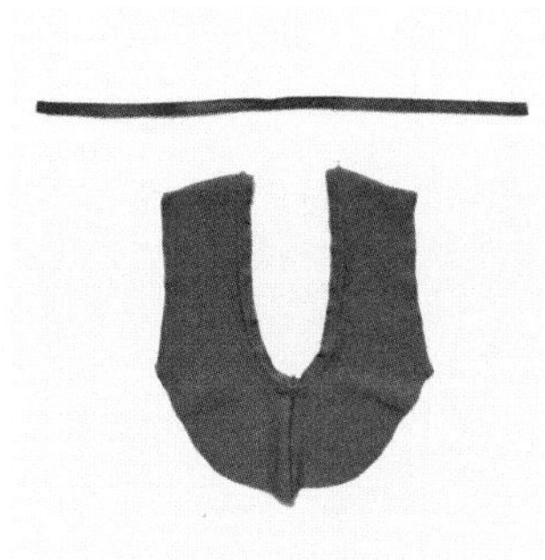

6. Den Saum der abgeschnittenen Rückenpartie auftrennen und das Gummi herauslösen.

7. Den Badeanzug auf links wenden, die Rückseite liegt oben. Das Gummi an die Kante des neuen Rückenausschnitts legen und mit Klammern fixieren.

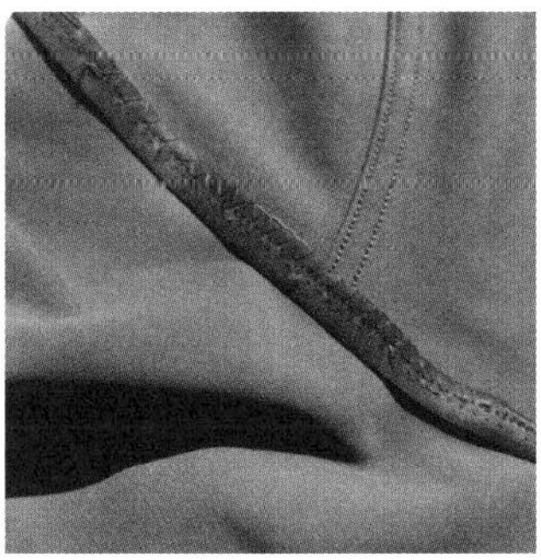

8. Das Gummi im Zickzackstich annähen.

9. Die Träger vom Vorderteil abtrennen und beide Enden einige Zentimeter weit auftrennen.

Accessoires

10. Mithilfe des Kurvenlineals und der Schneiderkreide in Brusthöhe beidseits eine nach außen gewölbte Linie aufzeichnen.

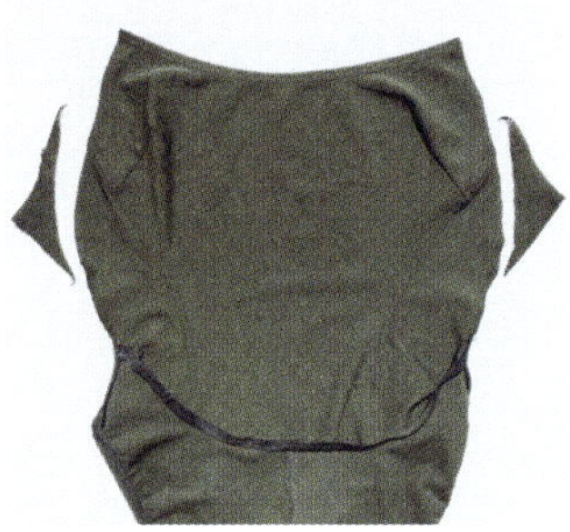

11. Beide Seiten gleich (symmetrisch) zuschneiden.

12. Die gesamte Seiten- und Rückenpartie 1 cm breit nach innen umschlagen und den Umschlag mit Klammern fixieren (auch im Bereich des Gummis).

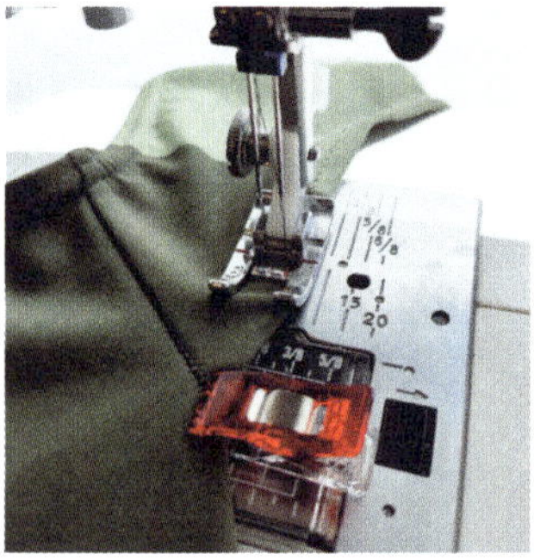

13. Den Umschlag von der rechten Stoffseite aus 5 mm vom Rand entfernt festnähen, entweder mit Zwillingsnadel und Bauschgarn als Unterfaden oder mit der einfachen Nadel im Zickzackstich mit großer Stichlänge und -breite.

14. So sieht der Rückenausschnitt nun aus.

15. Aus der Mitte des vom Rücken abgeschnittenen abgerundeten Teils einen 3 cm breiten und 8 cm hohen Streifen zuschneiden.

16. Die beiden Längskanten rechts auf rechts im Geradstich mit 5 mm Nahtzugabe zusammennähen, sodass ein Schlauch entsteht. Diesen mithilfe einer Sicherheitsnadel auf rechts wenden.

17. Den Schlauch in zwei gleich lange Stücke schneiden.

18. Beide Stücke in der Mitte falten und jeweils eine der Schlaufen von links an den Seiten der unteren Rückenpartie festklemmen.

19. Die Schlaufen im sehr breiten und sehr dichten Zickzackstich annähen.

20. Aus den Stoffresten des abgeschnittenen Rückenteils zwei Streifen à 3 x 15 cm zuschneiden.

21. Jeden dieser Streifen rechts auf rechts an einen der Träger klemmen und im Geradstich mit 5 mm Nahtzugabe annähen.

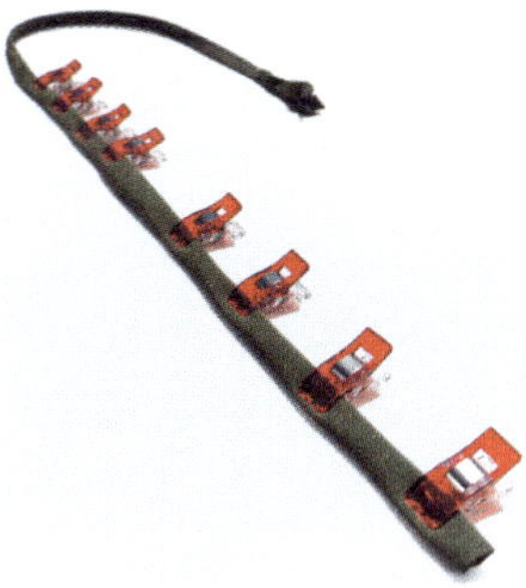

22. Einen Träger und seine Verlängerung so einfalten, wie der Träger ursprünglich war. Mit reichlich Klammern fixieren.

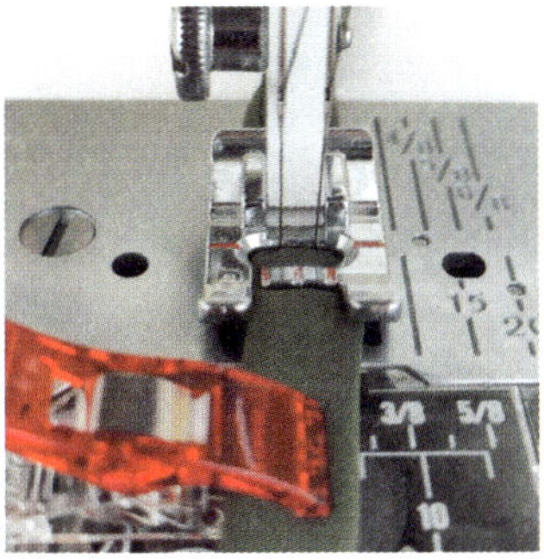

23. Den neuen Träger mit der Zwillingsnadel fortlaufend zur ursprünglichen Naht des Trägers zusammennähen.

24. Den Vorgang am anderen Träger wiederholen.

25. Die Enden der ursprünglichen Träger auf rechts oben an das Vorderteil klemmen, dann mit der Zwillingsnadel annähen. Mehrmals hin und her nähen.

26. Die Verlängerungen der Träger durch die angenähten Schlaufen ziehen und zur Schleife binden.

27. Nun steht einem sonnengebräunten Rücken nichts mehr im Wege!

Kleidungsstück
Stoffrest (Größe mindestens 35 x 24 cm)
(Hier die Stoffreste des Tuchs, das wir für die Bluse mit langen Puffärmeln von S. 44 verwendet haben.)

Material
- Schere
- Stecknadeln
- Nähmaschine
- Farblich passendes Nähgarn
- Schneiderkreide
- Sicherheitsnadel
- 15 cm Gummiband

Tipp
Ihr könnt die Länge der Haargummis nach Belieben anpassen.

STOFF-HAARGUMMI

1. Zwei Rechtecke von mindestens 35 x 12 cm Größe zuschneiden.

2. Eines der Rechtecke senkrecht in der Mitte durchschneiden.

3. Jedes dieser kleinen Rechtecke rechts auf rechts an den Längskanten zusammennähen. Dabei die Naht zu einer kurzen Kante hin schräg nähen, sodass eine (genähte) Spitze entsteht, und den überstehenden Stoff abschneiden.

4. Auf rechts wenden und die Enden des Gummibands im Geradstich innen an die offenen kurzen Kanten nähen.

5. Das beiseitegelegte große Rechteck rechts auf rechts längs falten, die Schmalkanten 1 cm breit auf die linke Stoffseite umschlagen und die Längskante zusammennähen, sodass ein Schlauch entsteht. Den Schlauch auf rechts wenden.

6. Das Teil mit dem Gummiband in diesen Schlauch einziehen, sodass das Gummiband vollständig bedeckt ist.

7. Die Kanten der kleinen Rechtecke an den Kanten des großen Rechtecks einschieben, feststecken und die Lagen im Geradstich fest zusammennähen; dabei mindestens einmal hin und her nähen.

8. Die Naht auf die Innenseite des Haargummis drehen und ein Schleifenende oben herausschauen lassen, das andere unten.

9. Drei, zwei, eins – verknoten!

Zubehör
Stoffbeutel mit Seitenteilen

Material
- Nahttrenner
- Schere
- Stecknadeln
- Nähmaschine
- Farblich passendes Nähgarn
- Schneiderkreide
- Sicherheitsnadel
- Bügeleisen

KÜCHENSCHÜRZE

1. Den Stoffbeutel flach ausbreiten. Falls die Tasche am Boden Löcher hat, diese zunähen.

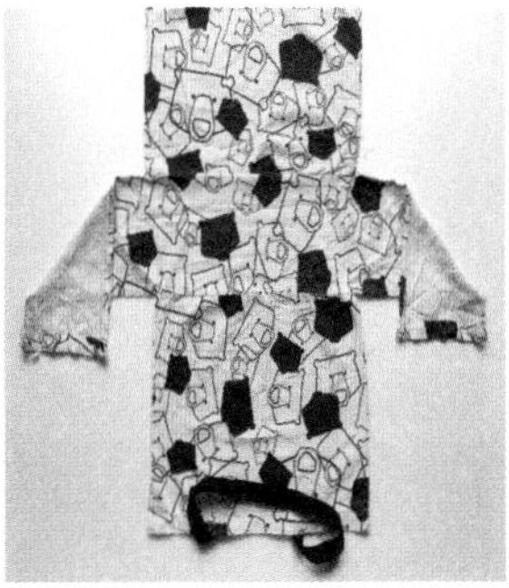

2. Die vier Seitennähte des Stoffbeutels auftrennen.

3. Die Seitenteile abschneiden, den unteren Henkel abtrennen. Das verbliebene Taschenteil längs falten (Bruchkante links) und ab der Oberkante (neben dem Henkel) diagonal durch beide Stofflagen zu den offenen Seitenkanten schneiden.

4. Die Seitenteile längs in vier gleich breite Streifen schneiden (6 cm hoch und so breit wie möglich).

5. Jeweils 2 dieser Streifen an den Schmalkanten rechts auf rechts zusammennähen. Eine kurze Kante jedes Streifens auf die linke Stoffseite umschlagen, feststeppen. Die Streifen rechts auf rechts längs falten, mit 5 mm Nahtzugabe zum Schlauch zusammennähen.

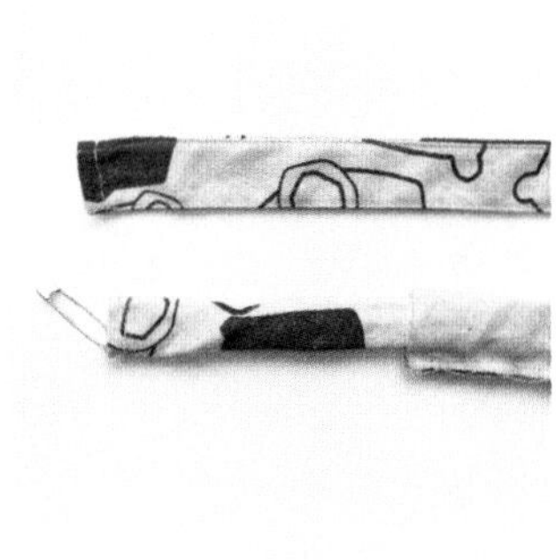

6. Die Schlauchteile mithilfe einer Sicherheitsnadel auf rechts wenden und so bügeln, dass die Längsnaht genau an der Seitenkante liegt. Die noch offene Schmalkante 2 mm vom Rand entfernt zunähen. Die Längskanten 2 mm vom Rand entfernt absteppen.

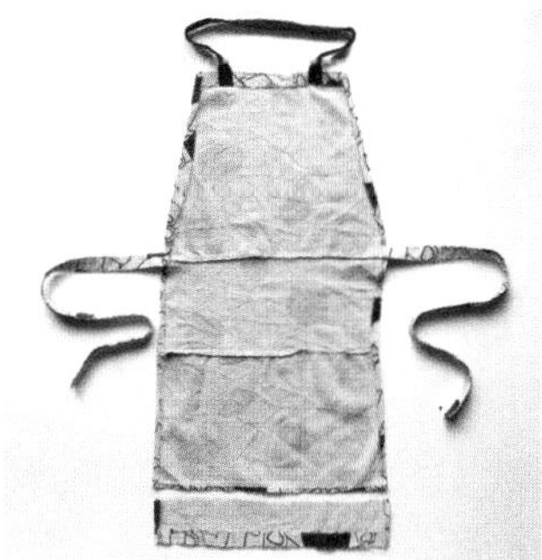

7. Die Seitenkanten der Schürze umsäumen; dabei die Streifen, die als Bindebänder dienen, in der gewünschten Höhe mit festnähen. Die Unterkante in der gewünschten Höhe (plus Saumzugabe) waagerecht durchschneiden, für den Saum zweimal 1 cm breit nach innen umschlagen und festnähen.

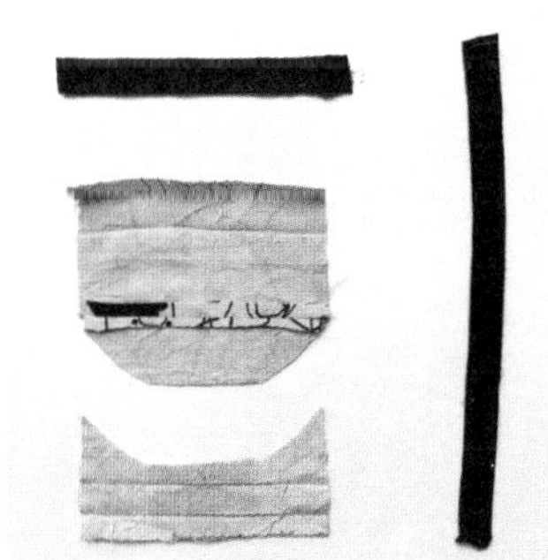

8. Aus dem unten abgeschnittenen Streifen eine Tasche nähen (hier wurde die Tasche aus 2 Stücken zusammengesetzt und zusammengenäht). Ringsum einen Teil des abgeschnittenen Henkels als Einfassung annähen.

9. Die Tasche an der gewünschten Stelle auf die Schürze nähen. Bravo, jetzt habt ihr euren Stoffbeutel ordentlich durchgemixt!

DANK

Danke an Mme Soos von der Domaine du T, an M. und Mme Larminat vom Château Lavalade, an meine Großeltern, meine Nachbarin Charlotte, meine Schwester Clotilde und an meine Eltern – dafür, dass ihr alle mir für die Foto-Shootings die Türen von Haus, Wohnung, Schloss oder Van geöffnet habt.

Danke an meine Schwestern, meinen Bruder und meinen Freund: Maylis, Clotilde, Pia, Vianney und Arthur – für eure Unterstützung und Beratung während der gesamten Entstehung dieses Buchs.

Danke an meinen Vater – dafür, dass du mir dein Homeoffice als Upcycling-Atelier überlassen hast. Und danke an meine Mutter – für dein grenzenloses Engagement.

Danke an Wendy und das ganze Team von den Éditions La Plage – dafür, dass ihr mein Projekt verwirklicht habt. Danke für euer Vertrauen und eure Professionalität.

Danke an die Upcycling-Queens: @_marionlouisa_, @rihannafoutre, @consciencethriftshop,

@aliceadore_, @julietbonhomme und @maison_cee – dafür, dass ihr bereit wart, an diesem Projekt mitzuwirken.

Und danke an Tom Morel für die fantastischen Fotografien.